把 生活 修炼到
你喜欢 的 模样

天津出版传媒集团
百花文艺出版社 天津人民出版社

图书在版编目（CIP）数据

把生活修炼到你喜欢的模样 / 夏荷著．—天津：百花文艺出版社：天津人民出版社，2019.4
ISBN 978-7-5306-7682-0

Ⅰ．①把…　Ⅱ．①夏…　Ⅲ．①成功心理—通俗读物
Ⅳ．①B848.4-49

中国版本图书馆CIP数据核字（2019）第024399号

把生活修炼到你喜欢的模样
BA SHENGHUO XIULIAN DAO NI XIHUAN DE MUYANG

责任编辑：刘　洁
封面设计：一个人·设计
出版发行：百花文艺出版社
地址：天津市和平区西康路35号康岳大厦　　邮编：300051
电话传真：+86-22-23332651（发行部）
+86-22-23332656（总编室）
+86-22-23332478（邮购部）
主页：http://www.baihuawenyi.com
印刷：北京溢漾印刷有限公司
开本：710mm×1000mm　1/16
字数：160千字
印张：15
插页：0
印次：2019年4月第1版印刷
版次：2019年4月第1版
定价：42.80元

如有印装质量问题，请与北京溢漾印刷有限公司联系调换
地址：北京市怀柔区桥梓镇前茶坞村南甲18号
电话：（010）51041067　邮编：101402

前言

没有人可以给幸福下个绝对的定义，我们在东拼西凑的价值观里寻找幸福。有时，弄丢了自己，有时，弄丢了生活。

我们希冀美好的发生，维系美好的关系，享有美好的人生。然而，我们总是在梦想与现实之间踌躇不前，因为不确定，所以不行动，干脆把实现它们的时间，寄托于遥远的将来，觉得当下无能为力。

其实，幸福与美好并不遥远，或者说不需要非常优异的条件来铺垫。美好与幸福，是每个人经过努力都可以进入的情景。

只要有所期待，美好就会发生；

只要希望不绝，幸福不会告别。

你想要的生活有时候很远，有时候很近，但它总会实现。

而且生命还很长，何时上路都来得及。

这一路行去，莫辜负流淌于心中的美好，让行经的路上，开满爱的花朵，即便有一刻步入荒芜，也要尽量靠近阳光。

这一路行去，你得跟随着自己，为自己奔跑，抵制别人的驾驭，使心不为形役。这样，即使自己不能成为完人，但对于生命而言，也是完整的。在自己的生命里，让自己的灵魂做主，即使在风烛残年，也不会有虚度一生的悔恨。

当你有了这样的心境，你的人生会豁然开朗，你的心情会充满阳光，你与幸福及美好之间的距离，会越来越近。

出发吧！让我们始终不忘初心，不忘自己，不骄不躁，不徐不疾，无限地接近曾经梦想中的人生。

愿我们能在辗转中学会从容，在阅尽千帆之后，仍能做最真的自己，在冷暖交织的日子里，学会善待与珍惜。

这，是我们的风雅时代，这，是我们的应许之地，只要梦想接地、期望合理，只要倾尽所有、不遗余力，终有一天，生活会被修炼成你喜欢的模样。

别害怕旅途中的那些伤害和失败，有时候伤害和失败不见得是一件坏事，它会让你变得更好，孤单和失落亦如是。每件事到最后一定会变成一件好事，只要你愿意坚持到最后。

目录

辑一　自己

确幸的人，从做自己开始　/1

辑二 瞭望

你要的幸福，都在看得见的地方 /75

辑三 重建

找到新模式，覆盖曾经压制自己的封印 /153

03. 挑拣思维的渣滓，在变化中完成脱胎换骨 /192

04. 躲开别人的阴影，构建属于自己的幸福体系 /209

辑一 自己

确幸的人，从做自己开始

/01/ 生活是我们自己创造的，永远如此

依赖别人而生长，当那个人离开后，才发现，不知不觉间自己竟然忘记了生活的本色，不会拿主意了，遇事犹豫不决了，对未来惶恐不安了……离开的那个人走得很远了，留下的我们，却似乎连自己的生活都不会继续了。

没有谁能让你永久的依靠

人是社会的，更是自己的。我们虽然处在一个和谐的社会，但人生中那些风风雨雨的确时常令我们感到无助，我们想要寻求一些帮助，却觉得并没有人愿意真心以对，于是我们又开始痛苦、开始压抑。其实，大可不必，想开就好。我们并没有与谁签订“互助协议”，我们本就没资格要求谁为自己做什么、奉献什么。实际上求人不如求己，父母兄弟也好，亲戚朋友也罢，虽说是我们生活中最亲近的人，但并不是我们生活的完全寄托者，脚下的路还得自己走，再多的苦也应该自己扛，谁也替代不了，谁也无法代替你去感受。

这个世界上，没有谁是你真正的靠山，你真正可以依靠的只能是你自己，所以当人生遭逢苦难之时，不要一心只想着去找“救命稻

草”，你应该静下心来问问自己：“我能做什么，我会因此而得到什么？”你的未来，还需要你自己去努力。

有个中国大学生，以非常优秀的成绩考入加拿大一所著名学府。初来乍到的他因为人地两疏，再加上沟通存在一定障碍，饮食又不习惯等原因，思乡之情越发浓重，没过多久就病倒了。为了治病，他几乎花光了父母给自己寄来的钱，生活渐渐陷入困境。

病好以后，留学生来到当地一家中国餐馆打工，老板答应给他每小时 10 加元的报酬。但是，还没干到一个星期他就受不了了，在国内，他可从来没做过这么“辛苦”的工作，他扛不住了，于是辞了工作。就这样，他不时依靠父母的帮助，勉勉强强坚持了一个学期，此时他身上的钱已经所剩无几。所以在放假那会儿，他便向校方申请退学，急忙赶回了家乡。

当他走出机场以后，远远便看到前来接机的父亲。一时间，他的心中满是浓浓的亲情，或许还有些委屈、抱怨——他可从来没吃过这么多的苦。父亲看到他也很高兴，张开双臂准备拥抱良久不见的儿子。可是，就在父子即将拥在一起的刹那，父亲突然一个后撤步，儿子顿时扑了个空，重重地摔倒在地。他坐在地上抬头望着父亲，心中充满了迷惑——难道父亲因为自己退学的事动了真怒？他伸出手，想让父亲将自己拉去，而父亲却无动于衷，只是语重心长地说道：“孩子你要记住，跌倒了就要自己爬起来，这个世界上没有任何一个人会是你永远的依靠。你如果想要生存、想要比别人活得更好，只能靠自己站起来！”

听完父亲的话，他心中充满惭愧，他站起来，抖了抖身上的灰尘，接过父亲递给自己的那张返程机票。

他不远万里匆匆赶回家乡，想重温一下久违的亲情，却连家门都没有踏入便返回了学校。从此以后，他发奋努力，无论遇到多少困难、无论跌倒多少次，都咬着牙挺了过来。他一直记着父亲的那句话——“没有任何一个人是你永远的依靠，跌倒了就要自己爬起来！”

一年以后，他拿到了学校的最高奖学金，而且还在一家具有国际影响力的刊物上发表了数篇论文。

别以为靠自己的力量不能将生命张扬，人生路上没有什么可以阻挡你前行。别把太多的希望寄托在别人身上，没有人会永远保护你，父母终究会老去，朋友都会有自己的生活，所有外来的赐予必然日渐远离，所以我们要学着给自己温暖和力量，遇到困难不要灰心、不要抑郁，越是孤单越要坚强，生命的负重还要你来托起。

人若一直依赖拐杖走路，就会忘记双腿应有的功能，离开拐杖，便不会行走了。须知，曾经的失败并不意味着永远的失败，曾经达不到的目标并不意味着永远达不到，你只有放弃手中的拐杖，才能大步迈向人生的目标。

你要自己把“蛋壳”啄开

依赖是对生命力的一种束缚，如果处处借助他人的力量帮助自己达成目的，那就好比建在沙滩上的大厦，没有坚实的基础，一阵海浪过来，就会毁于一旦。

有一则佛经故事说：德山禅师在尚未得道之时曾跟着龙潭大师学习，日复一日地诵经苦读让德山有些忍不住。一天，他跑来问师父：“我是师父翼下正在孵化的一只小鸡，真希望师父从外面尽快啄破蛋壳，让我早一天破壳而出啊！”

龙潭笑着说：“被别人剥开蛋壳而出来的小鸡，没有一个是能活下来的。母鸡的羽翼只能提供小鸡成熟和有破壳力量的环境，你突破不了自我，最后只能胎死腹中。不要指望师父能给你什么帮助。”

德山听后，满脸迷惑，还想开口说些什么，龙潭说：“天不早了，你也该回去休息了。”德山掀开门帘走出去时，看到外面非常黑，就说：“师父，天太黑了。”龙潭便给他一枝点燃的蜡烛，他刚接过来，龙潭就把蜡烛吹灭，并对德山说：“如果你心头一片黑暗，那么，什么样的蜡烛也无法将其照亮啊！即使我不把蜡烛吹灭。”德山听后，如醍醐灌顶，后来果然青出于蓝，成为了一代大师。

人生道路需要我们自己用脚去行走，没有谁会一直甘心做你的支撑。无论是工作还是生活，谁会跟随你一生？谁会跟你形影与共？只有你自己。其实，每个人都可以成为自己的上帝，每个人也都应该成为自己的上帝，当人生迷失方向之时多问问自己：“我该怎么办？我能怎么办？我会怎么办？”在你能对这些问题做出精确判断并着手进行解决时，你就是自己的上帝了。

有两个西班牙人，一个叫布兰科，一个叫奥特加。虽然他们同龄，又是邻居，但家境却相差甚远。布兰科的父亲是一个富商，住别墅，开豪车。而奥特加的父亲却是一个摆地摊的，住棚屋，靠步行。

从小，布兰科的父亲就这样对儿子说：“孩子，长大后你想干什么都行，如果你想当律师，我就让我的私人律师教你当一名好律师，他可是出名的大律师；你如果想当医生，我就让我的私人医生教你医术，他可是我们这里医术最高的医生；如果你想当演员，我就将你送到最好的艺术学校学习，找最好的编剧和导演来给你量身定制角色，永远让你当主角；如果你想当商人，那么我就教你怎样做生意，要知道，你老爸可不是一个小商人，而是一个大商人，只要你肯学，我会将我的经商经验全都传授给你！”

奥特加的父亲则总是这样对儿子说：“孩子，由于爸爸的能力有限，家境不好，给不了你太多的帮助，所以我除了能教你怎样摆地摊外，再也教不了你任何东西了。你除了跟我去学摆地摊，其他的就是想也是白想啊！”

两个孩子都牢牢地记住了自己父亲的话。布兰科首先报考了律师，还没学几天，他就觉得律师的工作太单调，根本就不适合他的性格。他想，反正还有其他事情可以干，于是，他又转去学习医术。因为每天都要跟那些病人打交道，最需要的就是耐心，还没干多久，他又觉得医生这个职业似乎也不太适合他。于是，他想，当演员肯定最好玩，可是不久后，他才知道，当演员真的是太辛苦了。最后，他只得跟父亲学习经商，可是，这时，他父亲的公司因为遭遇金融危机而破产了。

最终，布兰科一事无成。

奥特加跟父亲摆了几天地摊后，就哭着不肯去了，因为摆地摊日晒雨淋不说，还常遭人白眼。可是，一想到除了摆地摊，再也没别的事可干，他又硬着头皮跟父亲出发了。可是，还没干几天，他又受不了了，又吵着闹着不肯去了。因为没事可干，不久，他又跟着父亲出发了。

慢慢地，他竟然从摆地摊中发现，要想永远摆脱摆地摊的工作，就得认真地将地摊摆好。结果，几年后，他终于拥有了自己的专卖店。30 年后，他拥有了属于自己的服装集团。到今天，该集团在世界 68 个国家中总计拥有 3691 家品牌店，一跃成为世界第二大成衣零售商。奥特加以 250 亿美元的个人资产，位列《福布斯》2010 年世界富豪榜第 9 位。

如果一心等待别人的帮助，以为只要借助外力，就能够顺利地活着，基本不会有出息。这就如同一些鱼儿，只是随波逐流，等待大自然的赐予，赐予它们丰盛的食物，全新的、安定的生活，可是它们等到的，却是沙滩上的搁浅，无力进退，生命风干。然而还有另一些鱼儿，它们一直在尝试改变命运，或是逆流而上跃过龙门，或是强化自己成为霸主，它们，才是大海真正的主人。

同样，你才是自己的救世主，如果你不肯付出努力，谁又救得了你？所以，当你自以为困难重重的时候，不要一直啜泣等待救世主的出现，因为你完全有能力改写自己的命运，你可以顽强地活下去，而且会活得更好。事实上，这个世界上根本没有什么救世主，除了我们自己。

不要一直希冀着贵人降临

依附对于某些人来说是一种生活的无奈，对于某些人来说是一种“好风凭借力，送我上青云”的所谓捷径，但无论如何，你要有自己站立的能力，否则就算有人真的愿意将你推向高峰，你也不可能在那挺立下去。在这个充满竞争的时代中，我们应该更多地丰盈自己的武器库，装满生存技能，才不至于一败涂地。所以，不要一直幻想着天降贵人，自己才是一切问题的关键，在时间无情的流逝里，我们所能保留、能永恒的莫过于自己。

曾看到过这样一则寓言，感慨良多：

一只住在山上的鸟与住在山下的鸟在山脚下相遇。山上的鸟说：“我的窝刚搭好，参观参观吧。”山下的鸟便跟着去了，到那一看——什么鸟窝？不就是光秃秃的石缝里放着几根干草吗？

“看我的去。”山下的鸟带着山上的鸟来到一家富人的花园。

“看，那就是我的窝。”山上的鸟仰头望去，果然看到一只精致的木制鸟窝悬挂在紫荆树梢，那窝左右有窗，门面南而开，里面铺着厚厚的棉絮。

山下的鸟自豪地说："像我们这种鸟，有漂亮的羽毛，叫声又不赖。找个靠山是非常容易的。假如你愿意，以后我给你说说，搬这儿来住。"

山上的鸟没有回答，展翅飞走了，再没有回来。

不久后的一天，山上的鸟正在石缝窝里睡觉，听到门口有叫声，伸头一看，山下的鸟正狼狈地站在那儿。它身上的羽毛已不齐整，哭丧着脸对山上的鸟说："富翁死了。他的儿子重建花园，把我的窝给拆了。"

依附是将自我彻底埋没，在经营人生的过程中，它是一场削价行为。生命之本在于自立自强，人格独立方能使生命之树常青。依附他人而活，就算一时能博得个锦衣玉食，也不会安枕无忧，一旦这个宿主倒下，你的人生就会随之轰然倒塌。

人活着，还有什么比依附于人更低气？又有什么比依靠自己更长久？山下那只鸟依附在富翁家中，虽有一时的光鲜，却终敌不过石缝中的几根干草。所以说，与其依附他人，不如好好利用自身资源，求人往往需要付出很大代价，动用种种关系，比起向内求己，相信你知道哪个成本会更高。

再者，就算你所依附的人是个大善人，他也一定会首先照顾自己的利益，而且生活的本身也会有无数问题困扰着他，他又怎能时时兼顾着你？所以，别时时想着依附别人，要知道，即使是你的影子也会在黑暗里离开你。

要拥有属于自己的翱翔天空

如果可以的话，许多人都会为自己寻找一个庇护所，在那里过养尊处优的生活。这样的生活看似安逸，然而庇护一旦失去，他们会像被养在笼中的鸟儿一样，连独自存活的能力都没有。

人有别于宠物，不可能一辈子活在别人的庇护下，又或者说，大多数人不可能一辈子都有一个牢靠的避风港。所以，你必须飞出去，振翅高飞、寻觅食物，靠自己的力量去生活，并且要活得很好，那才是我们所追求的！

胡雪岩幼年便开始在钱庄里干活，从倒便壶提马桶干起，仗着脑瓜灵光，没几年就爬到“档手”的位置，相当于现在的银行办事员。少年得志、风流倜傥，日子过起来也好不逍遥自在。

然而，青年胡雪岩对于钱财看得开、看得准，思维异于常人，胸襟开阔，胆识过人，后来始能发光发热，成为清代第一富商。要是胡雪岩也和其他钱庄档手一般小家子气，恐怕下半辈子只不过继续在钱庄里，每日围着孔方兄打转转。

要求有一片属于自己的天地，正是胡雪岩立足商界，不断地打开市场，最终成为大商贾的内在动力。

胡雪岩父死家贫，自小就到钱庄当学徒，由于他勤快聪明，熬到满师，便成了信和的一名伙计，专理跑街收账。当时不过二十来岁的胡雪岩实在是有些胆大妄为，竟然自作主张，挪用钱庄的银子资助潦倒落魄的王有龄进京捐官，不仅使自己在信和的饭碗丢掉了，而且因此一举，还使自己在同行中“坏”了名声，再没有钱庄敢雇佣他，终至落魄到为人打零工糊口的地步。

好在天无绝人之路，王有龄得到胡雪岩资助进京捐官，一切顺利。回到杭州，很快便得了浙江海运局坐办的肥缺。王有龄知恩图报，一回到杭州就四下里寻访胡雪岩的下落，即便自己力量有限，也要尽力帮他。

重逢王有龄之后，胡雪岩起码有两个在一般人看来相当不错的选择：一是留在王有龄身边帮王有龄的忙，而且此时的王有龄确实需要帮手，也特别希望胡雪岩能够留在衙门里帮帮自己。依王有龄自己的想法，适当的时候，胡雪岩自己也可以捐个功名，以他的能力，肯定会飞黄腾达的。胡雪岩的另一个选择是，回他做过伙计的信和钱庄，以他此时的条件，回信和必将被重用，实际上信和“大伙”张胖子收到王有龄替胡雪岩安排的五百两银子之后，已经做好了拉回胡雪岩，让出自己位子的打算。他找到胡雪岩的家里，恳请胡雪岩重回信和，甚至将胡雪岩离开信和期间的薪水都给他带去了。

但是，这两条路胡雪岩都没有走。混迹官场本来就不是胡雪岩的兴趣所在，他当然不会走前一条路；而回到信和，也就是胡雪岩说的“回汤豆腐”，他自然更不会去做。这里其实也不仅仅是“好马不吃回头草”的问题，关键在于，这“回汤豆腐”做得再好也不过做到“大伙”为止，终归不过是个“二老板”，并不能事事由自己做主。

“自己做不得自己的主，算得了什么好汉？”胡雪岩要的就是自己做主，所以他一上手就要开办自己的钱庄。其实，这时的胡雪岩连一两银子的本钱都还没有，他不过是料定王有龄还会外放州县，以他自己的打算，现在有个几千两银子把钱庄的架子撑起来，到时可以代理官库银钱往来，凭他的本事，定能发达。事情的发展正如胡雪岩预想的那样，凭借着王有龄的力量，他终于开创了自己的一片天地。

在现实生活中，要想在别人的荫庇下保持一种完全的独立是很困难的，必须要有一片属于自己的天地，有了自己的天空，才能飞得更自由，飞得更自在。

靠男人，终究不如靠自己

时下，一些女人常说："干得好不如嫁得好。"那么，"嫁得好"真的就好吗？不尽然。

首先，"嫁得好"需要一种运气。我们不妨仔细看看身边的姐妹，几乎每个人都高喊着"我要嫁个有钱人"，但真正有钱的又有几人？更何况，有钱的公子身边一定不乏美女追随，你有信心击败众多情敌脱颖而出吗？

退一步说，即便你幸运地钓到了一个"金龟婿"，但又能保证他不是一个追逐风花雪月的"花花公子"吗？毕竟在这个金钱至上的时代，已经没有几人再去恪守"富贵不能淫"的信条。

好吧，就算你嫁了一个既有财又不风流的男人，那你就一定会幸福吗？将全部希望寄托在男人身上，依附在男人的恩赐下、过着仰人鼻息的生活，自己的喜怒哀乐要看别人的脸色，你真的就会觉得快乐吗？

我们不妨睁眼看看，这个世界上有多少女人为了家庭放弃了自己的事业，最终又被家庭所遗弃了呢？她们牺牲事业，为了丈夫、为了孩子不断地付出，最后迎来的却是丈夫的背叛！当她们想重拾自己的事业时，却发现自己已经跟不上时代的脚步，完全与社会脱轨了，这难道不是一种悲哀？

所以说，女人一定要“进得厨房，出得厅堂”，不但要照顾好家庭，更要照顾好自己的事业。即便你的丈夫能够为你提供优渥的生活条件，但你同样要学会独立。因为，独立才能让你找到自我，独立才能让你实现自己的价值，而不是作为男人的附属品，仰人鼻息。因为，独立的女人才能找到自信，才能让你在爱情的两端收放自如。

如果你做不到这一点，那么你就会像下面这位姐妹一样陷入彷徨：

蓉蓉未嫁人前是个小白领，日子过得逍遥自在、无拘无束，闲暇时与朋友泡泡吧、逛逛街，活得非常滋润。

结婚以后，蓉蓉遵照老公的吩咐，辞去工作，当起了全职太太。渐渐地，朋友疏远了，交际变少了，有时做完家务，蓉蓉一个人站在阳台上，望着不远处繁华的街道，心中竟会撩起一阵阵莫名的空虚。

后来，老公以“资金周转不灵”为由，削减了蓉蓉的生活费用，每个月只给她 4000 元的家用，当然，这其中还包括物业费、水电费、煤气费等一切家庭支出。有时，甚至与老公一同外出就餐，都要她掏腰包买单。

我们可以想象一下，区区 4000 块，还要打理家中的一切。蓉蓉自己还能剩下什么？有时，她甚至因为钱不够用，弄得自己紧衣缩食，连以前常常光顾的“必胜客”都不敢再去。但是，纵然如此，她也不曾向老公张口。在她看来，自己没有能力养这个家，需要依附老公的“关爱”过日子，所以不能再给老公添麻烦，她甚至觉得再伸手向老公要钱，是一件非常丢脸的事情。

再后来，老公在外面有了别的女人。她不敢与老公争执，她怕失去这份赖以生存的“关爱”，于是她跑去找那个女人，央求她放过自己的老公，女人良心发现，应允了。可是没过多久，老公又摘到了新的“野花”。对此，她伤心透顶，但又无可奈何：“如果他不要我，我该怎么活呢？”于是她选择了忍气吞声，但这样的日子要到何年何月才到头呢？

女人，若是彻底放下事业，专心为男人做保姆、生儿育女、打理家务，就会逐渐使自己的思维变得狭窄，继而完全丧失自我。更可气的是，对于我们这样的付出，很多时候男人并不领情。他们总是在用极端挑剔的目光审视着自己的老婆，他们简直希望自己的女人是完美的化身：貌若西子，贤如孟光，才比易安。倘若有一点不及他意，他便会思绪翻飞——瞧，那个女人多好。

所以说，倘若哪个女人只想着依附男人生活，那么她势必会输得很惨，活得毫无尊严，又遑论幸福美满？

女人，需要有自己的事业，有自己的朋友、自己的交际圈，这样才能与社会紧紧挂钩，才不会在惨遭遗弃之时茫然不知所措，才有资本与男人“叫板”，才能使自己变得更加幸福。

每一个女人都有必要认清一点——维持婚姻的平衡，其首要条件就是夫妻双方人格上的平等。这种平等取决于什么？取决于我们的自强、自立。女人不是弱者，女人应该让男人知道：离开他们，我们一样可以活得很好！女人，要为自己而活，绝不要做一个完全依附男人的寄生虫。

自己的苦，只能自己来扛

“滴自己的汗，吃自己的饭，靠人靠天靠祖上，不算是好汉。”人，不能拒绝长大，很多的事情只有自己去解决，事事依赖他人，就好像坐着轮椅生活，一旦这个轮椅丢失，将会寸步难行。

人生是这样的，要爬过一座座山，迈过一道道的坎，拐过一道道的弯，假如我们不能自立，那么你翻不过山、迈不过坎、转不过弯。

如果你无法面对这一切，不能抵抗无人帮扶的孤独，而是像祥林嫂一样为自己的遭遇悲悲戚戚，生活就会把你的幸福埋葬。

人生这条路上，再多的苦，只能由自己来扛。

一条小巷，一个女人，一小罐煤气，一张简单的操作平台，凑成了一道独特的风景。

她只卖三样小炒：尖椒肉丝，尖椒牛柳，尖椒炒鸡蛋，菜式单一，顾客却不少。

她很干净，每过一会儿就会换一下围裙，换一下袖套；她很雅致，每卖一份小炒，就在装菜的快餐盒里放上一朵自己雕刻的萝卜花。“这样装在盒子里的，才好看。”她说。

也许是冲着她的小摊干净，也许是冲着雅致的萝卜花，也许是冲着她长得好看，每到饭点，她的摊前都围满了人，6 ~ 10元一份的小炒，大家都耐心地等待着。女人娴熟地翻炒着，那样子就像一个贤惠的家庭主妇，整个过程都让人感到亲切和美丽。于是，一朵一朵素雅的萝卜花，就开到了人们的饭桌上。

女人是个有故事的人。她曾经有个富裕的家，老公在市中心的繁华街段开了一间商铺，生意很是不错，她原本的工作就是相夫教子，闲时和姐妹们逛逛街、旅旅游，生活得轻松而惬意。然而很不幸，她的老公因为酒后驾驶出了事故，医院当场就下了病危通知。女人几乎倾尽所有，赔人家的钱，救自己的老公，最终也只是捡回了男人的半条命——他截肢了。

生活从此一贫如洗。年幼的孩子，瘫痪的男人，女人得一肩扛一个。有人曾劝女人带着孩子离开，这话就连她的老公也曾说过，她很认真地告诉他们，不要再说这样的话，无情无义的事情她做不到。

她不能出去工作，因为朝九晚五的制度让她无法照顾老公和孩子。她长得美丽，有人曾想让她做情人，她严词拒绝了。但一家人总不能就这样活活饿死吧。想了又想，她决定摆摊卖小炒，虽然会很累，虽然会让熟人看不起，但只要中午和傍晚两个饭点出来就可以了，她有更多的时间照顾家里那不能自理的两个人。

老公说，街上那么多家饭店，你这家庭主妇的手艺能卖得出去吗？女人一想，也是，总得有个让人记着的卖点吧？于是她想到了萝卜花，她从小手就巧，以前生活清闲，有大把的时间布置一顿雅致的晚餐，她总喜欢雕萝卜花做装饰。一根根再普通不过的胡萝卜、“心里美”萝卜，到了她的手里，就能开出一朵朵美丽的小花。女人为自己的这个小“创意”，暗自欣喜了一番。

就这样，她的小摊子摆开了，而且很快成了这条街上的一道独特风景。街上的人如果不愿意做菜，自然而然就会想到她的萝卜花。她的生意就这样慢慢红火起来了。有人开玩笑地问女人，这么好的生意，攒了不少钱吧？她笑而不答。

不到两年的光景，女人竟出人意料地盘下了一家临街的饭店，用她积攒的钱。她在后厨配菜，她的瘫痪男人则在前台管账。她还是那样干净、雅致，所有的菜肴里依然会放上一朵她雕刻的萝卜花。

“菜不单是吃的，也是用来看的。”她说，眼波明亮，流光溢彩。一旁的男人，气色也好，丝毫不见颓废的样子。

女人的饭店，也渐渐出了名，提起萝卜花，大家都知道。

生活也许会让你陷入孤苦无助的低谷，但如果你能用自己的双肩把生活的苦扛起来，低谷中也能盛开出美丽的萝卜花。

逆境，不意味着绝境，更何况还能“置之死地而后生”。是生是死，一切都决定于我们自己。谁能直面人生的惨淡，敢于正视鲜血的淋漓，那么所有的一切对他来说，不过就是一场挫折游戏。

人，不要习惯地将自己的不幸归咎于外界因素，不管外部的环境怎样，怎么活——那还是取决于我们自己。不要总是像祥林嫂一样反复地问自己那个无聊的问题："怎么会，为什么……"这样的自怨自艾就是在给自己的伤口撒盐，它非但帮不了你，反而会让自己觉得命运非常悲惨，那种沉浸在痛苦中的自我怜悯，对我们没有任何好处。

感谢那些年的孤独时光

人生在世，不可能事事顺心，追梦旅途中，孤独在所难免。如果我们面对挫折时能够虚怀若谷，大智若愚，保持一种恬淡平和的心境，便是彻悟人生的大度。正如马克思所言："一种美好的心情，比十服良药更能解除生理上的疲惫和痛楚。"在人生的跑道上，不要因为眼前的蝇头小利而沾沾自喜，应该将自己的目光放长远，只有取得了最后的胜利才是最成功的人生。

仙人球是一种很普通的植物，它的生长速度很慢，即使三四年过去了，仍然只有苹果大小，甚至看上去给人一种未老先衰的感觉。人们总喜欢将它放在阳台上不起眼的角落里。没多久，它开始被人忘记。然而，有一天它能从阳台角落里突然就长成一支长喇叭状的花朵，花形优美高雅，色泽亮丽。这时，它的美才被人们发现。可以说，仙人球在经历了数年的默默无闻之后，才换来了一朝的绚烂绽放。

很多时候，我们的才能因为某种原因而未被领导及时发现，像仙人球一样被安置到了一个小小的角落里。这时，我们就要学会忍受孤独，抛开消极情绪，默默地积蓄力量，终有一天你会开出像仙人球一样令人惊叹的花。

小时候，他很孤独，因为没人陪他玩。他喜欢上画画，经常一个人在家涂鸦。稍大一点，他便用粉笔在灰墙上画小人、火车、还有房子。从上小学开始，他就感觉自己和别人不一样。“别人说，这个孩子清高。其实，我跟别人玩的时候，总觉得有两个我，一个在玩，一个在旁边冷静地看着。”他喜欢画画和看书，想着长大后做名画家。

高考完填志愿时，父母对他的艺术梦坚决反对。他不争，朝父母丢下一句：如果理工科能画画他就念。本来只是任性的托词，未承想父母真找到了个可以画画的专业，叫“建筑系”。

建筑师是干嘛的？当时别说他不知道，全中国也没几个人知道。建筑系在1977年恢复，他上南京工学院（东南大学）时是1981年，不只是建筑系，“文革”结束大学复课，社会正处于一个如饥似渴的青春期氛围。他说，当时的校长是钱锺书堂弟钱钟韩，曾在欧洲游学六七年，辗转四五个学校，没拿学位就回来了，钱钟韩曾对他说：“别迷信老师，要自学。如果你用功连读三天书，会发现老师根本没备课，直接问几个问题就能让老师下不来台。”

于是到了大二，他开始翘课，常常泡在图书馆里看书，中西哲学、艺术论、历史人文……看得昏天黑地。回想起那个时候，他说：“刚刚改革开放，大家都对外面的世界有着强烈的求知欲。”

毕业后，他进入浙江美院，本想做建筑教育一类的事情，但发现艺术界对建筑一无所知。为了混口饭吃，他在浙江美院下属的公司上班，二十七八岁结婚，生活静好。不过他总觉得不自由，另一个他又在那里观望着，目光冷冽。熬了几年，他终于选择辞职。

接下来的十年里，他周围的那些建筑师们都成了巨富，而他似乎与建筑设计绝缘了，过起了归隐生活，整天泡在工地上和工匠们一起从事体力劳动，在西湖边晃荡、喝茶、看书、访问朋友。

在孤独中，他没有放弃对建筑的思考。不鼓励拆迁、不愿意在老房子上“修旧如新”、不喜欢地标性建筑、几乎不做商业项目，在乡村快速城市化、建筑设计产业化的中国，他始终与潮流保持一定的距离，这使他备受争议，更让他独树一帜，也让他的另类成为伟大。

虽然对传统建筑的偏爱曾让他一度曲高和寡，但他坚守自己的理想。“我要一个人默默行走，看看能够走多远。”基于这种想法，过去八年，从五散房到宁波博物馆以及杭州南宋御街的改造，他都在“另类坚持”，“我的原则是改造后，建筑会对你微笑。”

他叫王澍，是中国美术学院建筑艺术学院院长。

2012 年 5 月 25 日下午，普利兹克奖颁奖典礼在人民大会堂举行，王澍登上领奖台。这个分量等同于“诺贝尔”和“奥斯卡”的国际建筑奖项，第一次落在了中国人手中。

“我得谢谢那些年的孤独时光。”谈起成功的秘诀，王澍说，幼年时因为孤独，培养了画画的兴趣，以及对建筑的一种懵懂概念；毕业后因为孤独，能够静下心来思考，以后的很多设计灵感都来源于那个时期。

尽管张楚在歌中唱道：“孤独的人是可耻的，生命像鲜花一样绽放，我们不能让自己枯萎。”但我们也不能忘记另外一句话：“真正优秀的人一定觉得自己是孤独的，他们也清醒地认识到自己的优秀来源于一份孤独。”

每一条河流都有属于自己的生命曲线，都会流淌出属于自己的生命轨迹。同样地，每一条河流都有自己的梦想，那就是奔向大海。我们的生命，有时就像泥沙，在不知不觉间沉淀下去，最终实现自己的积累。一旦你沉淀下去了，也许再也不需要努力前进了，但是你却失去了见到阳光的机会。所以，不管你现在处于什么状态，一定要有水的精神，不断积蓄力量，不断冲破障碍。若时机不到，可以逐步积累自己的厚度。当有一天你发现时机已经到来，你就能够奔腾入海，增加自己生命的价值。

/02/ 当事件关乎未来，别顺从，要独裁

别人可以替你开车，但不能替你走路。任何时候都应该掌握自己做主的权利，不光是青春，还有现在和未来。别让世俗绑架了你的美学，别让他人主宰了你的生活。你必须明白，自己不是为别人而活。

别人，不是我们的标准

有一次，雪峰禅师和岩头禅师共游南方，同行的还有一位小和尚，负责打理他们的日常生活，同时还跟着两位禅师学习佛法。行至湖南鳌山时，遇到大雪不能继续前进，他们便留了下来小住，两位禅师整天讨论参悟。小和尚没什么事情可做，于是就每天坐禅，几天之后，岩头禅师便责备他不该只管坐禅。受到岩头禅师的训导和指示，小和尚不再坐禅，于是每天不是闲散就是睡觉，这样又过了几天，这回雪峰禅师又责备他修行懒惰，只知道睡觉却不坐禅。

一时间，小和尚不知道如何是好，坐禅不对睡觉也不对，两位德高望重的禅师说法竟然如此不同，他真不知该做什么。

于是，他硬着头皮跟雪峰禅师说："师父，不是我不坐禅，是岩头禅师责备弟子不该只知道坐禅，所以弟子……"还没等小和尚说完。

雪峰禅师就一棒打过来了，大声喝道：“我的话你竟敢不听，该打！”

小和尚被打得有点莫名其妙，但是也不敢再说什么了，便坐下来坐禅了。这时正好岩头禅师路过，看到小和尚又在坐禅，便生气地喝道：“你竟敢违逆本座的意思，你不想得到佛法吗？”说着也给了小和尚一棒。

小和尚还没反应过来，就又被敲了一棒，他苦着脸说：“两位师父，我知道你们都是为我好，可是你们却让我做完全相反的事，我真的不想违逆你们，但是我又不知道该怎么做？”

听完小和尚的话，雪峰禅师与岩头禅师同时拿起棍棒，正准备往小和尚脑袋上打去，小和尚突然站了起来，说：“不许你们再打我了，你们的话，我一个都不听。佛法就是让人求得自我、自在，所以，以后我想睡觉就睡觉，我想坐禅就坐禅，我想干什么就干什么！”说完就拿开两位师父手中的棒子，走开了。

雪峰禅师与岩头禅师相视一笑，小和尚终于开悟了——做自己想做的事，不能跟着别人走，两位师父的话都不要听，即使他们是道行高深的大师，听自己的心声才是最重要的。

而生活中，人们总是畏惧别人的眼光，总是担心别人怎么想，不自觉地丢失了自己；其实事情是我们自己的，别人不应该成为我们的标准，为什么我们要生活得那么被动呢？

有一位青年画家想努力提高自己的画技，画出人人喜爱的画，为此他想出了一个办法。这一天，他把自己认为最满意的一幅作品的复制品拿到市场上，旁边放上一枝笔，请行人们把不足之处给指点出来。集市非常热闹，来来往往的人群络绎不绝，画家的态度十分诚恳，于是许多人就真诚地发表自己的意见。到晚上回来，画家发现，画面上所有的地方都标上了指责的记号。也就是说，这幅画简直就是一无是处。这个结果对年轻画家的打击实在太大了，他变得萎靡不振，甚至开始怀疑自己到底有没有绘画的才能？他的老师见他前不久还雄心万丈，此时却如此情绪消沉，不明就里，待问清原委后哈哈大笑，叫他不必就此下结论，不妨换一个方法再试试看。第二天，这位画家把同一幅画的另一件复制品拿到集市上，旁边仍然放上了一枝笔。所不同的是，这次是让大家把觉得精彩的部分给指出来。到晚上回来，画面上所有地方同样密密麻麻地标满了各种夸奖的记号。青年画家这时才恍然大悟，在画坛上终有成就。所以，一个人永远无法满足所有人的胃口，高明的厨师会引导大家跟着自己的感觉走，而不是让自己跟着别人走。

不要太在意别人的话，别人不是我们的镜子。一个人活在别人的标准和眼光之中是一种被动，一种依附，更是一种悲哀。人为什么要活得那么累呢？人生本来就很短暂，真正属于自己的快乐更是不多，为什么不能为了自己完完全全、彻彻底底地活一次？为什么不让自己脱离建立在别人基础上的参照系？……要知道属于你的，只是自己的生活，而不是别人赐予的生活！

不被支持的原则也要坚持

想要成为一个真正的人，首先必须是个不盲从的人。你心灵的完整性不容侵犯，当你放弃自己的立场，而想用别人的观点去看一件事的时候，错误便造成了。一个人，只要认为自己的立场和观点正确，就要勇于坚持下去，而不必在乎别人如何去评价。

这是很重要的一点，也可以说是人生成功的秘诀。不相信吗？曾有人向一位商界奇才询问成功秘诀。

“如果你知道一条很宽的河的对岸埋有金矿，你会怎么办？”商人反问他。

“当然是去开发金矿。”事实上这是大多数人都会不假思索给出的答案。

商人听后却笑了：“如果是我，一定修建一座大桥，在桥头设立关卡收费。”

听者这才如梦初醒。

这就是独立的思维方式，在任何时候都有自己的主见，不从众、不盲从，没有这种守持，事业根本无从谈起。退一步说，众人观点各异，大家七嘴八舌，我们就算想听也无所适从，其实最明智的方法是把别人的话当作参考，坚持自己的观点按着自己的主张走路，一切才会处之泰然。

20世纪60年代，每个田径教练都这样指导跳高运动员：跑向横竿，头朝前跳过去。理论上讲，这样做没错，显然你要看着跑的方向，一鼓作气全力往前冲。可是有个名叫迪克·福斯贝利的小鬼，他临跳时转身搞了个花样，用反跳的方式过竿。当他快跑到横竿前时，他右脚落地，侧转身180°，背朝横竿鱼跃而过。《时代》杂志上称之为“历史上最反常的跳高技法”。当然大家都嘲笑他，把他的创举称为“福斯贝利之跳”。还有人提出疑问，“此种跳法在比赛中是否合法”。但令专家懊恼的是，迪克不仅照跳他的，而且还在奥运会上“如法炮制”一举获胜。而现在，这已是全世界通行的跳法。

坚持一项并不被人支持的原则，或不随意迁就一项普遍为人支持的原则，都不是一件容易的事。但是，如果一旦这样做了，你就能体现出自己的价值，甚至还会赢得别人的尊重。

现在，我们生活在一个充满专家的时代。由于大家已十分习惯于依赖这些专家权威性的看法，所以逐渐丧失了对自己的信心，以至于不能对许多事情提出自己的意见或坚持信念。这些专家之所以取代了人们的社会地位，是因为是我们让他们这么做的。

我们应该改变这种状态，你的人生不应该由别人来指手画脚，我们甚至可以把自己想象成上帝，想想由自己来设计人生和世界，会是什么样？有很多问题，别人说不可以这样，或者以目前的条件不好解决，很多人就不敢碰，但这可能就是我们生活的转折点。你需要从高处俯视你的人生领域。

时间会让我们总结出一套属于自己的评判标准来。举例来说，我们会发现诚实是最好的行事指南，这不只是因为许多人这样教导过我们，而是通过我们自己的观察、摸索和思考的结果。很幸运的是，对整个社会来说，大部分人对生活上的基本原则表示认可，否则，我们就要陷于一片混乱之中了。保持思想独立不随波逐流很难，至少不是件简单的事，有时还有危险性。为了追求安全感，人们顺应环境，最后常常变成了环境的奴隶。然而，无数事实告诉人们：人的真正自由，是在接受生活的各种挑战之后，是经过不断追求、拼搏并经历各种争议之后争取来的。

如果我们真的成熟了。便不再需要怯懦地到避难所里去顺应环境；我们不必藏在人群当中，不敢把自己的独特性表现出来；我们不必盲目顺从他人的思想，而是凡事有自己的观点与主张。我们也许可以做这样的理解：“要尽可能从他人的观点来看事情，但不可因此而失去自己的观点。”

关键时刻，敢做关键选择

人生的道路虽然漫长，但紧要处往往只有几步，特别是当人年轻的时候。

我们的一生之中会遇到很多抉择，也会遇到很多机遇，面对抉择和机遇，很多人茫然无措，有时眼睁睁看着这些美好的东西从自己手里滑落。不是上苍不眷顾，也不是命运弄人，是自己没有把握好，没有准备好。

1999年，李彦宏在北大资源宾馆租了两间房，百度公司正式成立。不久，他顺利融到第一笔风险投资金120万美金。9个月后，风险投资商德丰杰联合IDG又向百度投入1000万美元。如此出色的成绩单，对于一家新创企业来说，已经非常令人咂舌了。平平稳稳地度过创业的三年危险期，公司进入发展期，业内名气越来越大，越来越多的公司登门寻求合作。当时，百度为门户网站提供搜索服务，仅凭这一项业务，他们就可以不费力气地赚钱。

这个时候，李彦宏体内的不安分因子开始蠢蠢欲动了。在公司董事会上，他提出一项惊人的方案——建立独立搜索网站，并提出竞价排名的经营模式。

当时，正值“互联网的冬天”，多数互联网企业都选择保守经营，稳扎稳打，不轻易出招，所以他的方案一经提出便遭到了董事们的一致反对。董事们认为，做独立搜索网站，门户网站这块就指不上了。你不给它打广告，它凭什么给你钱？竞价排名模式听上去很美好、很光鲜，可并不是在短期内就能搞起来的，弄不好，赔了夫人又折兵。所以与其逆流而上，不如坐收渔利。

那次会议，从下午2点一直开到深夜，争执声从未间断。李彦宏就像一头愤怒的雄狮，不断用事实和数据驳斥反对者的言论，然而他们始终无动于衷。在董事会上无法得到支持，李彦宏又转向几位大股东寻求帮助，但同样没有得到认可。这时的李彦宏完全没有了平时儒雅的风范，他大声质问着、吼叫着，他的执着与激情终于打动了一个股东，答应把资金投给他。他也破釜沉舟，把所有家当都押上去，完全是一副“不成功便成仁”的架势。

结果我们知道，他成功了，他的百度公司于2005年8月在美国纳斯达克成功上市，成为全球资本市场最受关注的上市公司之一，李彦宏本人也跻身福布斯富豪榜前一百强。

人生的紧要处往往只有几步，只要看清了方向，认准自己是对的，大可以义无反顾地走下去。这个时候，别管别人说些什么，总有一天，事实会让他们改变看法。

人的选择决定了生活。今天的生活是由我们之前的选择决定的，而今天我们的抉择将决定我们以后的生活。所以，不必彷徨，更不必犹豫不决，天赋、才华、金钱、资本都不是影响一个人的先天之本，关键在于自己选择什么样的道路，人生的道路很漫长，关键时就看自己如何把握。

别把别人的话当指令看待

曾经有一支德军的小队，在训练时，队长说了“齐步走”之后，由于一些事情耽搁，没有发令“立定”，士兵们行进的前方恰好是一条河，在队长想起训练的时候，他的士兵们全部走进了河里。

德国人的纪律性天下闻名，不过这个故事的真实性还有待考证，当然，对于军队，纪律的绝对服从也确有其特殊的必要性，但是这并不意味着，听话就是正确的。

有一名中文系的学生，用心撰写了一篇小说，请作家批评指正。因为作家正患眼疾，学生便将作品读给作家听。读到最后一个字，学生停顿下来。作家问道：“结束了吗？”听语气似乎意犹未尽，渴望下文。这一追问，煽起学生的激情，立刻灵感喷发，马上接续道："没有啊，下部分更精彩。"他以自己都难以置信的构思叙述下去。

叙述到一个段落，作家又似乎难以割舍地问："结束了吗？"

小说一定摄魂勾魄，叫人欲罢不能！学生更兴奋，更激昂，更富于创作激情。他不可遏止地一而再再而三地接续、接续……最后，电话铃声骤然响起，打断了学生的思绪。电话找作家，有急事。作家匆匆准备出门。

"那么，没读完的小说呢？"学生问。

"其实你的小说早就该收笔了，在我第一次询问你是否结束的时候，就应该结束。何必画蛇添足、狗尾续貂呢？该停则止，看来，你还没把握情节脉络，尤其是缺少决断。决断是当作家的根本，否则，绵延逶迤，拖泥带水，如何打动读者？"

学生追悔莫及，自认性格过于受外界左右，作品难以把握，恐不是当作家的料。

很久以后，这名年轻人遇到另一位作家，羞愧地谈及往事，谁知作家惊呼："你的反应如此迅捷、思维如此敏锐、编写故事的能力如此强盛，这些正是成为作家的天赋呀！假如正确运用，作品一定脱颖而出。"

两位作家，究竟谁说的是对的呢？其实，凡事没有一定之论，谁的"意见"都可以参考，但永远不要丢失自己的"主见"，不要让他人的话成为自己前进的障碍。

如果遵照家人的安排，波伏娃很可能就是一个中产阶级主妇，像她妈妈一样遭遇中年危机，可能老公会出轨，然后把所有怨恨都倾泻给孩子，而不再有机会成为巴黎高师的第二名——第一名是她后来的伴侣萨特。

如果按照长辈的轨迹生活，乔治桑应该在偌大的庄园里默默成长，嫁给和她爸爸差不多的另一个男爵，过着平顺的日子，而法国将不再有第一个穿长靴马裤出没于文学沙龙自己养活自己的异彩女作家。

如果听从父母的意见，相亲嫁人，费雯丽或许只是著名律师霍夫曼的漂亮老婆，不会在亚特兰大熊熊的烈火中闪耀郝思嘉的绿色猫眼，登上奥斯卡领奖台。

甚至，如果按照家人的安排，刘德华应该还叫刘福荣，周润发应该还叫“细狗”，现在可能都是香港热闹狭窄的街道上两鬓微白的中年人。

很多人正是因为坚持了自己的意见，才走上了与众不同的道路，虽然未必是坦途，却用自己的方式独立思考未来，充满惊喜和进步，活出了另一片天地。

多年前，在日本福冈县立初中的一间教室里，美术老师正在组织一场绘画比赛，同学们都在认真地按照要求画着画，只有一个小家伙缩在教室的最后一排。他实在不喜欢老师设定的命题，于是便信手涂鸦起来。

到了上交作品的时间了，老师看着一张张作品，不住地点头，他深为自己的教育成果感到满意，作品里已经有了学生们自己的领悟，可以说，是对日本传统画作的继承和发展。

但唯有一张画让他大跌眼镜，作者是个叫臼井的家伙，老师的目光从画作上移到了最后一排，接着看见这个名不见经传、有些另类却又有些特立独行的家伙在冲着他冷笑。

他大声怒斥起来：“臼井，你知道你画的是什么吗？简直是在糟蹋艺术。”

小家伙闻听此言，吓得将脑袋垂了下来，老师接下来让大家轮流传看臼井的作品，他用红笔在作品的后面打了无数个“叉叉”，意思是说这幅作品坏到了极点。

他画的是一幅漫画，一个小家伙，正站在地平线上撒尿，如此的不合时宜，如此的不伦不类。

这个叫臼井的家伙一夜间出了坏名，学生们都知道了关于他的“光荣事迹”。

这一度打消了他继续画画的积极性，他天生不喜欢那些中规中矩的传统作品，他喜欢信手胡来、一气呵成，让人看了有些不解，却又无法对他横加指责。

在老师的管制下，他开始沿着正统的道路发展，但他在这方面的悟性实在太差了。

期末考试时，他美术考了个倒数第一名，老师认为他拖了自己班的后腿，命令他的家长带着他离开学校。

他辍了学，连最起码的受教育的权利也被剥夺了，于是，他开始了流浪生涯，不喜欢被束缚的他整日里与苍山为伍，与地平线为伴，这更加剧了他的狂放不羁。

那一年春天，《漫画 ACTION》杂志上发表了《不良百货商场》的漫画作品，里面的小人物不拘一格，让人忍俊不禁，看来爱不释手。作品一上市，居然引起了强烈的反响，受到长久束缚的日本人在生活方式上得到了一次新的启发，他们喜欢这样的作品。

又一年，一部叫《蜡笔小新》的漫画集风靡开来，漫画中的小新生性顽皮，做了许多孩子愿意却不敢做的事情，典型的无厘头却收到了意想不到的结果，被拍成动画片后，所有人都记住了小新，以至于不得不加拍了连载。

臼井仪人，这个天生邪气逼人的漫画家，注定不会走传统的老路，如果他仍然沿着美术老师为他铺好的道路发展，恐怕这世上不会有蜡笔小新的诞生。

关于你的未来，只有你自己才知道。既然解释不清，那就不要去解释。没有人在意你的青春，也别让别人左右了你的青春。如果你有自己的想法，那就按照自己的想法去努力。

决不允许别人替自己做主

人生是你自己的，道路也是你自己的，怎样走应该是你自己的事，如果你把决定权交给了别人，就等于放弃了对人生的控制，这不但愚蠢，而且还是很危险的事情。

那时，她还是小女孩。有一次母亲带她一起整理鞋柜，鞋柜里脏乱不堪，有的鞋子已经变形和开裂得丑陋不堪，尤其是父亲的那双鞋，还散发着一股难闻的汗臭味，她便建议母亲扔掉那些鞋子。可母亲抚摸一下她的头发，说：傻丫头，这些鞋都是有特殊意义的。随后，母亲拿起一双浅口红皮鞋，满脸的幸福和温情，回忆起和她父亲的相识：

17岁那年，我遇到你父亲，拿不定主意是否嫁给他，我的母亲说，那就要他给你买双鞋吧，从男人买什么样的鞋就能看出他的为人。我有点不相信，直到他将这双红皮鞋送到我跟前。母亲说，红色代表火热，浅口软皮代表舒适，半高跟代表稳重，昂贵的鳄鱼皮代表他的忠诚，放心吧，这是一个真爱你的男人。

从那以后，她开始珍惜父母送给她的每一双鞋子，当她成为拉普拉塔大学法律系的一名学生时，她已经收藏了好多双不同款式的高跟鞋。而法律系有一个来自南方的青年，英俊潇洒，口才超群，悄然地走入她这位怀春少女的心田，终于在大三时两人捅破了相隔的那层纸，将同窗关系发展为恋爱关系。她陶醉在甜蜜的爱情之中，被这火热的感情所鼓舞，于是带着如意情郎去见父母。母亲对这个邮政工人的儿子能否给女儿的未来带来幸福表示怀疑，附在女儿耳边轻轻对女儿说：“让他给你买双鞋看看吧！”她觉得是个好主意，就照办了。

然而，傻乎乎的情郎不知是测试，想既然是为恋人买鞋就得尊重她的意见，硬拖着屡次推却的情人一起去。然而买鞋那天，平时喜欢滔滔宏论的她始终一声不吭，结果两人逛了大半天都毫无所获。最后，他们来到一家欧洲品牌鞋店，有两双白色皮鞋看上去不错，他知道意中人喜欢白色，于是柔声地问她：“你想要高跟的，还是平跟的？”她心不在焉地随口答道：“我拿不定主意，你看哪双好呢？”他略加思索后，说：“那就等你想好了再来吧！”于是，他拉着怏怏不乐的她，离开了。

几天后，他非常认真地问她：“想好买哪双了吗？”她依然是漠不关心地说没有。熬着，熬着，这“木头”情郎终于“开窍”了，说出了她期待已久的话：“那就只好让我替你做主了！”她兴奋地等待了三天，终于等到了他的礼物，不过他吩咐她不要当面打开。

晚上，她将鞋盒抱回家，和母亲一起怀着激动的心情将礼物打开，出现在她眼前的两只鞋居然是一只高跟一只平跟。她气得脸色发青，恨恨地咬着牙齿，砰地一声关上闺门，蒙在被子里号啕大哭起来。她的父亲也勃然大怒：“明天约他来吃晚餐，看他如何解释，我女儿可不是跛子！”

第二天，他应邀登门，面对质问，却不慌不忙地说：“我想告诉我心爱的人，自己的事情要自己拿主意，当别人做出错误的决定时，受害者就会是你自己！”随后，他从包里拿出另外两只一高一矮的鞋子，说：“以后你可以穿平跟鞋去看足球，穿高跟鞋去看电影。”父亲在女儿的耳边悄声而激动地说：“嫁给他！”

“木头”情郎叫费尔兰多·基什内尔。2003 年当选为阿根廷总统，而她就是第一夫人克里斯蒂娜·赞尔兰。2007 年 12 月 10 日，克里斯蒂娜从卸任阿根廷总统的丈夫手中接过象征总统权力的权杖，成为阿根廷历史上第一位民选女总统，他们夫妇交接总统权杖，成为现代历史上第一例。

不要总是让别人替你做主，包括你的父母，因为一旦你为别人的看法所左右时，你已沦为别人的奴隶。永远只做自己的主人，这样才能做到自尊自爱。

当现实需要考验你内心的智慧时，记住：一定要去尝试自己想要尝试的东西。相信自己的直觉，不要让别人的意见扰乱你的计划。如果自己感觉很好，就跟着感觉走吧，否则你永远不会知道结局有多么美好。不要让别人的议论淹没你内心的声音，你的想法，和你的直觉。因为它们已经知道你的梦想，别的一切都是次要的。

撕掉他们乱贴给你的标签

你以为以镜照人，就可以得到最真实的影像，殊不知镜子也不是绝对平整、绝对无尘的，若镜面不平，与照哈哈镜不过是程度上的区别而已，若镜面有尘，其真实的程度也会出现折扣。所以，不要以为镜子中的你就是真实的自己。

镜子不带任何感情色彩，都不能作出真实反映，何况是倾向主观的人？所以，别太在意别人对你的评头论足，因为没有谁会像你一样清楚和在乎自己的梦想，无论别人怎么看你，你绝不能打乱自己的节奏。不要让别人否定的目光扰乱你内心的平静。这世上有两种人：一种人会消耗你的能量和创造力；另一种人会给你能量，支持你的创造，或许只是一个简单的微笑。拒绝第一种人。让自己快乐起来，去做自己想做的人。有人不喜欢，由他去吧。

保罗还在上小学的时候，别人就说他是一个笨孩子，老师也认为他根本不可能学到毕业。无形之中，他自己也接受了这些评价和看法，他因此感到很自卑，真把自己当成了一个笨孩子。辍学以后，他也一直做一些临时小工，因为他认为自己只配做这个。

但是，在他 30 岁的时候，一件意外的事情使他的生活发生了巨大的改变。他偶然去参加一次智力测试，结果令他非常惊讶——他的智商竟然高达 161 分值，这可是那些天才才拥有的智商啊！而在此之前，他竟然一直把自己当成智力低下的人，整天去干一些零碎的杂活。从那以后，保罗不再相信别人对他的那些错误性、限制性评价了，他开始相信自己，开始努力奋斗。后来，他写出了好几本书，取得了几项专利，并且成为了一个很成功的商人，还当选为国际智能组织的主席。

不要因为别人低估你、轻视你，你就随意轻贱自己，不要让别人的错误评价左右你的一生。揭掉别人为你乱贴的标签，找回真实的自己，你的人生一定会很精彩。

其实很多时候我们事业无成，内心焦虑，恰恰就是因为我们习惯于受到他人影响，无论对错，所做的一切只是为了博得人家的满意，结果别人满意了，我们却失意并焦虑了。我们虽然无法改变别人的看法，但可以做强自己，你生活的好了，别人自然高看你。再者说，每个人都有不同的想法，不可能强求统一，讨好每个人是愚蠢的，也是没有必要的。所以我们与其把精力花在一味地去取媚别人、无时无刻地去顺从别人上，还不如把主要精力放在踏踏实实做人上、兢兢业业做事上、刻苦认真学习上。对于我们来说，按照自己的意愿去生活比什么都重要，不要在乎别人的评论，做自己想做的事情，这是作为自我走向成熟的标志。

假如说你只是一只风筝，会身不由己地随风飘曳；假如说你是断梗浮萍，便不得不顺水漂流。可你是人，评价于你，顶多是清风拂耳，应该是风过而不留任何痕迹。

让那些愚蠢的批评见鬼去吧

一个人在一生中总会遭到这样或那样的批评，越是做大事遭到的批评就会越多。但你绝不能因为别人的批评就怀疑自己，只要你确信自己是对的，就该坚定地一直走下去。

美国曾发生过一件震动全国教育界的大事，美国各地的学者都赶到芝加哥去看热闹。在几年之前，有个名叫罗勃·郝金斯的年轻人，半工半读从耶鲁大学毕业，当过作家、伐木工人、家庭教师和卖成衣的售货员。现在，只经过了 8 年，他就被任命为美国第四有钱的大学——芝加哥大学的校长。他有多大？30 岁！真叫人难以相信。老一辈的教育人士都摇着头，人们的批评就像山崩落石一样一起打在这位“神童”的头上，说他太年轻了，经验不足；说他的教育观念很不成熟……甚至连各大报纸也参加了攻击。

在罗勃·郝金斯就任的那一天，有一个朋友对他的父亲说：“今天早上我看见报上的社论攻击你的儿子，真把我吓坏了。”

“不错，”郝金斯的父亲回答说，“话说得很凶。可是请记住，从来没有人会踢一只死了的狗。”

是的，没有人会去踢一只死狗。别人对你的批评往往从反面证明了你的重要，你的成就引起了别人的关注。所以，在你被别人批评、品头论足、无端诽谤时，你无须自卑，走好自己的路，让他们去说吧。

马修·布拉许当年还在华尔街40号美国国际公司任总裁的时候，承认说曾经对别人的批评很敏感。他说：“我当时急于要使公司里的每一个人都认为我非常完美。要是他们不这样想的话，就会使我自卑。只要哪一个人对我有一些怨言，我就会想法子去取悦他。可是我所做的讨好他的事情，总会使另外一个人生气。然后等我想要取悦这个人的时候，又会惹恼了其他的一两个人。最后我发现，我越想去讨好别人，以避免别人对我的批评，就越会使我的敌人增加，所以最后我对自己说：‘只要你超群出众，你就一定会受到批评，所以还是趁早习惯的好。’这一点对我大有帮助。从那以后，我就决定只尽我最大的能力去做，而把我那把破伞收起来。让批评我的雨水从我身上流下去，而不是滴在我的脖子里。”

狄姆士·泰勒更进一步。他让批评的雨水流进他的脖子，而为这件事情大笑一番——而且当众如此。有一段时间，他在每个礼拜天下午的纽约爱尔交响乐团举行的空中音乐会休息时间，发表音乐方面的评论。有一个女人写信给他，说他是“骗子、叛徒、毒蛇和白痴”。泰勒先生在他那本叫作《人与音乐》的书里说：“我猜她只喜欢听音乐，不喜欢听讲话。”在第二个礼拜的广播节目里，泰勒先生把这封信宣读给好几百万的听众听——几天后，他又接到这位太太写来的另外一封信，“表达她丝毫没有改变她的意见。”泰勒先生说：“她仍然认为，我是一个骗子、叛徒、毒蛇和白痴。”

面对他人的品评、批评，谁都不可能没有压力，关键是看你如何对待。如果你在心里接受了别人的批评，并暗示自己在别人眼里是多么的不完美，被人鄙视，自卑就会像一个影子一样随时跟着你，影响你。如果你能将别人不公正的批评置之脑后，继续走自己的路，那么所有的言论都会不攻自破。如果你能对他们笑一笑，受害的人就该不会是你。

查尔斯·舒伟伯对普林斯顿大学学生发表演讲的时候表示，他所学到的最重要的一课，是一个在钢铁厂里做事的老德国人教给他的。“那个老德国人走进我的办公室时，”舒伟伯先生说，“满身都是泥和水。我问他对那些把他丢进河里的人怎么说，他回答说：‘我只是笑一笑。’”

舒伟伯先生说，后来他就把这个老德国人的话当作他的座右铭：“只笑一笑。”

当你成为不公正批评的受害者时，这个座右铭尤其管用。别人骂你的时候，你“只笑一笑”，骂人的人还能怎么样呢？

林肯要不是学会了对那些骂他的话置之不理，恐怕他早就承受不住压力而崩溃了。他写下的如何处理对他的批评的方法，已经成为一篇文学上的经典之作。在第二次世界大战期间，麦克阿瑟将军曾经把这段文字抄下来，挂在他联军总部的写字台后面的墙上。而丘吉尔也把这段话镶了个框子，挂在他书房的墙上。这段话是这样的：“如果我只是试着要去读——更不用说去回答所有对我的攻击，这个店不如关了门，去做别的生意。我尽我所知的最好办法去做——也尽我所能去做，而我打算一直这样把事情做完。如果结果证明我是对的，那么即使花十倍的力来说我是错的，也没有什么用。”

别人的批评无论对错，你都无法制止。尤其当你位高权重时，你更需面对这样的舆论。笑一笑，你无须关注太多，更无须为他人的舆论自卑。

穿自己的鞋，走自己的路

人生就是一场比赛，在冲向终点的过程中，难免有人会向你打压、向你喝倒彩。你是想要成功还是想要平凡无为？倘若有人对你说“停下吧，你的目标无法实现”，你又该如何应对？

几只蛤蟆在进行“田径比赛”，终点是一座高塔的顶端，周围有一大群蛤蟆前来观战。

比赛刚开始不久，观众便大声议论起来：“真不知道它们是怎样想的，做这种不现实的事情，它们怎么可能蹦到塔顶呢？简直是天方夜谭！”

过了不久，观众们开始为蛤蟆选手们喝倒彩：“喂，你们还是停下来吧！这场比赛根本不现实，这是不可能达到的目标！”

陆续地，蛤蟆选手们一一被说服，它们退却了，停了下来。然而，却有一只蛤蟆始终不为所动，一往无前地向前……向前……

比赛结果，其他蛤蟆选手全部半途而废，唯有那只蛤蟆以惊人的毅力完成了比赛。所有蛤蟆都很好奇——为什么它有这么强的毅力呢？这时它们才发现，原来它是一只聋蛤蟆。

别人的评价，不能够成为你行动的基准，如此一来，还有什么自我可言？有些时候，我们索性就让自己做一只“聋蛤蟆”吧！这样，你反而会收获更多。

英国剑桥郡的世界第一名女性打击乐独奏家伊芙琳·格兰妮说：“从一开始我就决定：一定不要让其他人的观点阻挡我成为一名音乐家的热情。”

她出生在苏格兰东北部的一个农场，从 8 岁时她就开始学习钢琴。随着年龄的增长，她对音乐的热情与日俱增。但不幸的是，她的听力却在渐渐地下降，医生们诊断是由于难以康复的神经损伤造成的，而且断定到 12 岁，她将彻底失聪。可是，她对音乐的热爱却从未消退过。

她的目标是成为打击乐独奏家，虽然当时并没有这么一类音乐家。为了演奏，她学会了用自己特有的方式来感受其他人演奏的音乐。她不穿鞋，只穿着长袜演奏，这样她就能通过她的身体和想象感觉到每个音符的震动，她几乎用她所有的感官来感受着她的整个声乐世界。

她决心成为一名音乐家，而不是一名失聪的音乐家，于是她向伦敦著名的皇家音乐学院提出了申请。

因为此前从来没有一个失聪学生提出过申请，所以一些老师反对接收她入学。但是她的演奏征服了所有的老师，她顺利地入了学，并在毕业时荣获了学院的最高荣誉奖。

从那以后，她的目标就是致力于成为一名出色的专职的打击乐独奏家，并且为打击乐独奏谱写和改编了很多乐章，因为那时几乎没有专为打击乐而谱写的乐谱。

至今，她已经成为一名出色的专职打击乐独奏家了，因为她很早就下了决心，不会仅仅由于医生诊断她完全失聪而放弃追求，因为医生的诊断并不能阻止她对音乐执着的热爱与追求。

事实证明：伊芙琳·格兰妮的选择是正确的。如果她是个软弱的人，只是听从医生给她下的结论而不与命运去抗争，那样她的音乐才华不仅泯灭了，人类历史上也会少了一个著名的打击乐演奏家。

人生难免会遇到这种情况，很多时候，旁观者会对你做出主观评价，以他们的视角来审视你的人生。于是，往往会对你做出不公正的“宣判”。这时，请不要在意别人的看法，做你自己、做你自己该做的选择，画出你自己的人生色彩！

/03/ 本心你好——本心，不愿讨好

讨好每一个人不可能，也没有必要。我们的不幸，恰恰在于我们缺乏拒绝讨好的能力，我们害怕一旦拒绝讨好，便会在彼此心里留下永远无法愈合的裂痕。所以，我们要完成的其实只是一个问题：找到自我本位。

人，到底为什么而活？

听取和尊重别人的意见固然重要，但无论何时都不要人云亦云，做别人意见的傀儡，否则不但会在左右摇摆不知所往中身心疲惫，失去许多可贵的机会，而且还会丢失自己。

杨晓燕曾经是个活泼开朗的女孩，喜爱唱歌跳舞，大学学的是幼师专业，但是她毕业后，父母却托人把她安排到了一个机关工作。

这份工作在外人看来是不错的，收入高，福利也很好。但杨晓燕觉得机关的工作枯燥乏味，整天闷在办公室里，简直快把人憋疯了，她每天都迫不及待地要回家。可是回到家心情也不好，看见什么都烦，本来想着自己的男友会安慰安慰自己，可是偏偏男友又是个不善言辞的人，向他诉苦，他最多说：“父母给你找这么一份好工作不容易，还

是先干着吧。”

杨晓燕很郁闷，工作没多久，她的性格就变了，整日郁郁寡欢。就这样一年又一年，杨晓燕越来越觉得自己的人生毫无意义，她不止一次地问自己：我活着究竟为了什么？没有理想、没有目标，她都不知道自己多久没有真心地笑过了。

人，到底是为了什么而活？为了父母？为了钱？还是为了爱情？事实上，人应该是为自己而活。人一生的时间有限，所以不应该一味为别人而活，不应该被教条所限，不应该活在别人的观念里，不应该让别人的意见左右自己内心的声音。最重要的是，应该勇敢地去追随自己的心灵和直觉，只有自己的心灵和直觉才知道自己的真实想法，而其他一切都是次要。

如果自我感丧失，那么生活将是苦不堪言的，没有自我的人生必然索然无味，一个人若是失去了自我，就没有了做人的尊严，更不能获得别人的尊重。人活着就是为了实现自己的价值，按照自己的意愿去活，不去迎合别人的意愿。每个人都应该坚持走为自己开辟的道路，不为流言所吓倒，不受他人的观点所牵制。

毫无疑问，这是有一定困难的，如果今天周围的压力令你感到难过，那么你是无法完全摆脱这种压力的，人与人之间的影响毕竟存在。但是，不要因此就屈服，活在别人的意愿里，因为这并不表示你自己的“疆界”就已经宣告结束，你也用不着把你的疆界缩小。在你心中，也许有些力量正在你内心深处冬眠，等着你在适当的时机去发掘及培养。

取悦你自己，才是正经事

人的本性趋向于寻求他人的赞美和肯定，尤其对于有威望或有控制力的对象（如父母、老师、上司、名人名流等），他们的赞美肯定更加重要。取悦者会沉迷于取悦行为所换得的肯定，这很好解释，如果某件事让人有了愉悦的体会，那他就可能持续做这件事，以便继续维持这种美好的感觉。

但，我们得到的感觉其实并不美好。

著名艺人宋丹丹，对于取悦别人与取悦自己有正反两方面的深刻体会。她说："过去我总是不遗余力地想使自己符合男人的标准，'我够好吧？'成为口头禅，但常常感到被轻视。现在我会说：'这就是我！'却得到前所未有的尊重。自尊，才是最具魅力的品质。"

为了取悦别人而活着，最终必然丧失真正的自己。只有先取悦自己，做最好的自己，然后才能得到他人的喜欢和尊敬。

一位诗人。他写了不少的诗，也有了一定的名气，可是，他还有相当一部分诗却没有发表出来，也无人欣赏。为此，诗人很苦恼。

诗人有位朋友，是位禅师。这天，诗人向禅师诉说了自己的苦恼。禅师笑了，指着窗外一株茂盛的植物说："你看，那是什么花？"诗人看了一眼植物说："夜来香。"禅师说："对，这夜来香只在夜晚开放，所以大家才叫它夜来香。那你可知道，夜来香为什么不在白天开花，而在夜晚开花呢？"诗人看了看禅师，摇了摇头。

禅师笑着说："夜晚开花，并无人注意，它开花，只为了取悦自己！”诗人吃了一惊：“取悦自己？”禅师笑道：“白天开放的花，都是为了引人注目，得到他人的赞赏。而这夜来香，在无人欣赏的情况下，依然开放自己，芳香自己，它只是为了让自己快乐。一个人，难道还不如一株植物？”

禅师看了看诗人又说：“许多人，总是把自己快乐的钥匙交给别人，自己所做的一切，都是在做给别人看，让别人来赞赏，仿佛只有这样才能快乐起来。其实，许多时候，我们应该为自己做事。”诗人笑了，他说：“我懂了。一个人，不是活给别人看的，而是为自己而活，要做一个有意义的自己。”

禅师笑着点了点头，又说：“一个人，只有取悦自己，才能不放弃自己；只要取悦了自己，也就提升了自己；只有取悦了自己，才能影响他人。要知道，夜来香夜晚开放，可我们许多人，却都是枕着它的芳香入梦的啊。”

人，如果总是忙着取悦别人，去为别人的期望而生活，就会忽视自己的生活，忽视自己到底喜欢什么、到底想要什么、到底需要什么。最后，已经忽视了自己的存在。可是，你拥有自己的人生，这是你的一项权利，你为什么要放弃？你对自我的放弃，能换来的其实只是更多的蔑视和鄙夷。

所以，别老想着取悦别人，你越在乎别人，就越卑微。只有取悦自己，并让别人来取悦你，才会令你更有价值。一辈子不长，记住：对自己好点。

不要奉献迎合去换认可

一个人活在别人的价值观里就会变得虚荣，因为太在意别人的看法就会失去自我。每个人都应当为自己而活，追求自我价值的实现以及自我的珍惜。如果你追求的幸福是处处参照他人的模式，那么你的一生都会悲惨地活在他人的价值观里。

意大利著名诗人但丁曾经说过："走自己的路，让别人说去吧！"是的，在人生这条路上，不要太在意别人的看法，你管他别人怎么说！只要自己认定是对的，大可义无反顾地走下去。

有一天下午，苏菲正在弹钢琴时，7岁的儿子走了进来。他听了一会儿说："妈，你弹得不怎么高明吧？"

不错，是不怎么高明。任何认真学琴的人听到她的演奏都会退避三舍，不过苏菲并不在乎。多年来苏菲一直这样不高明地弹，弹得很高兴。

苏菲也喜欢不高明的唱歌和不高明的绘画。从前还自得其乐于不高明的缝纫，后来做久了终于做得不错。苏菲在这些方面的能力不强，但她不以为耻。因为她不愿意活在别人的价值观里，她认为自己有一两样事情做得不错。

"啊，你开始织毛衣了，"一位朋友对苏菲说，"让我来教你用卷线织法和立体织法来织一件别致的开襟毛衣，织出十二只小鹿在襟前跳跃的图案。我给女儿织过这样一件。毛线是我自己染的。"苏菲心想，我为什么要找这么多麻烦？做这件事只不过是为了使自己感到快乐，并不是要给别人看以取悦别人。直到现在为止，苏菲看着自己正在编织的黄色围巾每星期加长五至六厘米时，还是自得其乐。

从苏菲的经历中不难看出，她生活得很幸福，而这种幸福的获得正在于，她做到了不是为了向他人证明自己是优秀的，而有意识地去索取别人的认可。改变自己一向坚持的立场去追求别人的认可，并不能获得真正的幸福，这样一条简单的道理并非人人都能在内心接受它，并按照这条道理去生活。因为人们总是认为，那种成功者所享受到的幸福，就在于他们得到了这个世界大多数人的认可。

公司有个年轻同事，他不是助理，却几乎成了所有人的助理，收发快递、打印资料、做卫生、订外卖……那些与他无关的事情都成了他的事情。他从不拒绝，鞠躬尽瘁死而后已，极力讨好甘之若饴。

有一次，领导交代别人做一件事情，那人懒得去做，转手推给了他。他其实不懂，但没有拒绝，犯了低级错误，导致领导在客户面前颜面尽失，回来后龙颜大怒。那人赶忙把责任甩到他身上，他成了替罪羊，被领导骂了个狗血淋头，原本可能到手的优秀员工奖也泡了汤。

他曾追求过公司的前台姑娘，那姑娘肤白貌美大长腿，追求者甚多，并没把他当回事。

有一次，前台姑娘要出远门，在朋友圈发帖，找人照料自己的爱犬，他自告奋勇当仁不让，竭尽全力毫不吝啬，待狗比待自己都强：上好的进口狗粮，土鸡枸杞炖成汤，黑猪的排骨熬到脱骨，小狗被养得肥肥胖胖，皮毛锃亮。

结果，前台姑娘回来后，却发现小狗得了“厌食症”。于是当众质问他，是不是虐狗了？弄得他好不尴尬。

下班后，他跑去一看，狗狗哪里是得了厌食症，只是变得挑食了，原来的狗粮入不了它的狗眼。他一通解释，姑娘一脸黑线：你把它宠成这样，让我以后怎么养？

结果，最后姑娘真养不起了，泪眼婆娑地把爱犬送了人，也断绝了他的希望。他每每大献殷勤，姑娘都会还他一脸厌嫌。

他抑郁了，他说，自己活得太失败了，没人拿他当回事。

其实，想让别人拿自己当回事，首先要自己把自己当回事。我们获得幸福的最有效的方式，就是不为别人而活，不让别人的价值观影响自己，就是避免去追逐它，就是不向每个人去要求它。通过和你自己紧紧相连，通过把你积极的自我形象当作你的顾问，通过这些，你就能得到更多的认可。

顺从，是很没用的品质

佳丽没别的毛病，就是天生的耳根子软，别人说什么她听什么，大家背地里都戏称她为“应声虫”。比如说中午订餐，同事问佳丽吃什么，她犹犹豫豫地想了一会儿说：“吃扬州炒饭吧！”同事一听：“扬州炒饭有什么好吃的，就要鱼香肉丝盖饭吧！”佳丽赶紧点头：“行，行，行！”不但生活中这样，工作中也是这样，她从来也提不出什么像样的意见，什么事都听人家的，所以单位里开会时，佳丽永远是坐在角落里发呆的那一个。像她这样，又怎能得到老板的重视呢？

办事没有原则，有时就表现为一味地迁就、顺从别人。由于自己没有立场，所以很容易被他们所诱惑或利用。迁就别人，表面看来是和善之举，但实际上则是软弱的表现。软弱到一定程度，就会逐渐失去自信力，而没有自信力的人是很难成就什么大事业的。有时，性格上的自卑和懦弱，也表现为没有自己的立场和观点。自卑，就会觉得处处不如别人，怯懦则往往会导致卑微。时时看着别人的脸色行事，怎么能走自己的路呢？其实，我们做人根本无须这样。

要知道，凡事都要有个度，不能过度，否则就是没有原则。什么事情没有原则，只会带来不良后果，而不会有什么好的结局。

一个人出门去旅行，走啊走，走的脚都起泡了。腿开始大声向主人抗议：“停下来！为什么受累的只有我，你为什么不试试让手走路？”“可是手本来就不是用来走路的呀！”主人为难地说，但在腿的坚持下，他只好趴在地上，用手艰难地往前爬，不一会儿手就磨破了，手也朝主人发起火来，正在这时，一个骑着马的人从后面赶来，看到走路人的窘状，就说：愿意把马让给路人骑，但希望路人送他一条腿，那个人本来坚决不同意，但在手和脚的劝说下，他还是割了一条腿，当然从此以后他再也不能从马上下来走路了。

人总要有自己的原则、自己的立场，不能只一味迁就别人，一点主见也没有。这里的原则既包括办事的方法，也包括日常生活中为人、处世的立场、原则，少了哪个都会给你带来困难，并将影响你的生活。

著名漫画家蔡志忠先生讲过这样一句话：“每块木头都是座佛，只要去掉多余的部分；每个人都是完美的，只要除掉缺点和瑕疵。”正是如此，每个人都有他自己的长处，为什么非要去迎合别人的口味呢？

人若想主宰自己的生活、主宰自己的事业，就要在做事之前多动动脑筋，不要轻易听从他人的意见，要有自己的一套规则。这样做，有时会使你收到意想不到的效果。

做老好人真的好吗？

我们可能对“好人”这个概念产生了误读。

有数量不少的人觉得，对所有人都友善，有求必应，想方设法帮助别人，毫不利己专门利人，这样做了就是“好人”。他们是这样想的，也是这样做的，并以此为荣。对这些人而言，做“好人”不仅是一种习惯或行为方式，而且更是一种与他人建立关系的特殊方式。

事实上，一心做好人并不是一个无大碍的问题，它也是一种心理病，心理学上称之为“好人综合症”。“好人综合症”源于人们对自我价值的信心匮缺，于是希望用做好事来换取外来的赞美与认可，这种需求一旦形成心理定势，就会严重降低行为者的判断力和自控力，进而演化成一种可以称之为“癖”的习惯和依赖。

格勒弗医生是诊治“好人综合症”方面的权威，也是《不再当好人》一书的作者。他指出，几乎所有的好人在意识或下意识中都有类似于这样的想法：如果我把缺点藏起来，变成别人希望我成为的那个样子，那么别人就会肯定我，觉得我好，也会敬重我，重视我。这样，我的生活就有了意义，有了价值，我也就找到了幸福。实际上，这种幸福的感觉或自我意识的满足取决于他人对我的看法，我自己并不能把握它，因此我实际上并不幸福。

这种情况可能在我们很小的时候就出现了。

幼年时，我们学会了看父母的脸色；上学时，又格外注意老师、同学的看法，渐渐形成了按他人想法去生活的倾向。再以后，我们在赖以生存的社会及人际关系中，渐渐把自己塑造成了一个连自己都信以为真的“好人”，并一直维持着这个形象，以期从中获得安心感和自信感。

然而这个“好人”，其实是我们刻意塑造出来的，很大程度上，他并不是真实的自己，是与“本来的自己”背道而驰的，所以，即便那个塑造出来的我不断地告诉本来的我，这样做是对的，但本心并不会感到真正的自信与快乐。

此外，这种不顾一切做好事的行为，也会让自己付出高昂的代价，如果一个人过于顺从，不能为自己挺身而出，没有了自己的声音，那么就很容易受欺负。另外，“当好人”也不是好人一个人的事情，这往往会给家人带来很大的困扰，让他们也跟着自己受罪。

罗溪就职于一家大型国有企业，她就是一个“老好人”，总是希望所有人都能喜欢自己。罗溪每天都笑容满面地出现在大家面前，帮大家买饮料、复印文件……时间久了，大家也就真的不拿罗溪当外人了，很自然地支使她做这做那，做不完的工作都推给罗溪，加班也总是第一个想到她。

最近，罗溪的老公去国外出差，罗溪很主动地对大家说，可以帮大家从国外带点化妆品、衣服一类的小商品。于是当天下午，一张密密麻麻罗列着衣装、化妆品、包包、婴儿配方奶粉的清单送到了罗溪的面前。罗溪的老公接到这张清单以后，立刻打电话给她，指责她不应该这样大包大揽，因为自己是去工作，不是去旅游，哪有那么多时间选购这么多的物品。并且表示，这次自己不会给罗溪的同事带任何东西，希望罗溪能改掉这种“好人病”。

罗溪觉得老公这是在给她难堪，两人隔着电话吵了几句，之后便进入冷战状态，罗溪难过不已。但最让罗溪崩溃的是，自从递来这张清单后，同事们隔三岔五就问：你老公怎么还不回来啊？出差要这么久吗？家里还等着用呢！”罗溪听了真是很受伤：明明自己是在做好事，怎么反倒觉得自己像个佣人似的。

大多数习惯取悦于他人者，对拒绝和敌意有着根深蒂固的畏惧和焦虑，从小就学习如何尽力避免拒绝他人引起敌意，因此戴上友善的面具，只考虑他人而忽略自己，“他们希望感到被人需要”。

“极端无私是一种用来掩盖一系列心理和情感问题的性格特征。”不计后果地做好人，不计代价地希望别人认可你、喜欢你，这样的行为，表明一个人的心理健康已经出现了问题。要改变这种长期以来的行为习惯，需要经过一番“痛苦的努力”，为自己树立一个合理的标准：谁可以接纳，接纳到什么程度；为谁可以付出，付出到什么程度。在这个过程中，你需要直面自己的恐惧和担忧，当然，无论如何你必须回应别人的需求，但前提是不能违背自己的意愿。换而言之，在爱别人之前，要先学会爱自己。

你不需要永远都“接球”

当有人向你投出一个你不喜欢的“球”，你可以接住它并感到受伤害，或者你也可以选择不去接，并继续过你的日子。

经常地，有人投给你一个问题，而你被动地接受了，并做出反应。例如，有人在你很忙的时候要你帮一个很复杂的忙，你不是说：“真的很抱歉，因为我现在实在没有时间和精力。”而是自动接住这个球并尽力去解决这个问题。然后，你感到压力很大并开始抱怨自己总有完不成的计划时，你的烦恼由此而生了。

其实，你完全可以不去接这个球，你不必仅仅因为别人希望你参与，你就必须参与进去，你应该有所选择的拒绝和接受。

有位智者在旅途中遇到了一个不喜欢他的人。连续好几天，在好长的一段路上，那个人都在用各种方法去戏谑智者。但智者从来不跟他计较。最后，智者问那个人：

“如果有人送你一份礼物，但你拒绝接受，那么这份礼物属于谁的？”

那个人答：“属于原本送礼的那个人。”

智者微笑着说：“没错。若我不接受你的戏谑，那你就是在戏谑你自己。”

那个人识趣地摸了摸鼻子走开了。

如果你对别人强加给你的烦恼不理不睬，那么无论别人如何对待你，都抢不走你的快乐。

这并不是说你永不接球，只是说你要有自己的选择。这也不是告诉你不关心朋友。事实上，生活中每天都有来自方方面面的球投向我们——它可能来自我们的父母，来自我们的爱人，来自我们的子女，来自我们的朋友，甚至有可能是销售人员等陌生人，如果接住所有的球，我们一定会疯掉。所以你必须有所选择，什么样的球可以接，什么样的球不能接，这样我们才不会感到被牺牲、怨恨，或被压垮。

没人跟你玩，一个人玩就好了

高适说：“莫愁前路无知己，天下谁人不识君。”劝慰之词罢了，茫茫天下，识君者能有几人？俞伯牙“高山流水”，知音者唯钟子期。所以别指望别人像你希望的那样理解你，一个人，连完整地理解自己都不是件容易的事情。

能够赢得别人的理解固然是好。但是，你不可能在所有的时候被所有的人理解。当你试图干些什么自以为很有意义的事情的时候，不要指望会有那么多人能理解你，珍惜自己的一切，做自己觉得应该做的事吧。

一位作家曾讲过这样一个故事：

小时候，我和伙伴们喜欢玩斗陀螺的游戏。说老实话，他们斗得很好，我也斗得不错。斗陀螺很精彩，两个抽得飞旋的陀螺猛然相撞，飞舞着分开，在地上划着美丽的弧线。现在，当我欣赏冰上舞蹈的时候，我就想到了这儿时的游戏，它们太相像了。斗陀螺是壮观的，不用说，执鞭的颇有些自豪，而我却不能感受这一种殊荣。我是左撇子，抽出的陀螺是反转，与他们的正转一撞就死，丝毫划不出流畅的曲线来。伙伴们揶揄甚而戏弄我，没人与我一起玩。我受不了，夹着鞭子哭着去告诉父亲："爸爸，没人跟我玩，我是反转。"父亲一把将我搂在怀里，抚着我头上的黄头发对我说："反转，不是你的错。孩子，没人跟你玩，你自己一个人玩好了。"

那位作家指出：现在想起来，父亲那时简直在阐述一个真理。只是在今天，我才深刻地感受到了。我知道，我会做一些别人无法接受的事，我可能被某些人理解，也可能在某些时候被理解，但不可能在所有的时候被所有的人理解。比如，我写的诗，如果谁表示看不懂，而又对我带血的产儿横加指责，我就让他立即走开，你得承认，这种人还没有资格评价我的诗。

一个人，最重要的是做自己确定的事，做自己考虑过的事，做自己不会后悔的事，而我们活着不是为了专做让人家理解的事。有人理解，当然好，没人理解，就拉倒。莫言获奖了，大家都理解，可你身边有许多成天写个不停甚至从没发表过文字的人，其所为就未必为人们所理解。而事实上，莫言就是从这样的不可理解的状态走出来的。人们只看到了莫言的成功，却没有看到莫言的摸索，没有看到更多的人一无成功的摸索，莫言只是这一群摸索者中站在塔尖上的那个人。现在，大家好像都理解莫言的奋斗了，可你问问莫言，又有几个人真正理解他呢？

女人，你的温柔要有力量

女人，无论如何，爱自己是最重要的。对你不情愿做的事情大声说“不”。比如酒席上，轮到你喝酒，而你不善饮，大可以茶代酒，而不要含恨饮醉。

女人凡事都要有自己的思想和主见，在这一点上职业女性要做得稍微好一点，但是因为工作的关系，她们难免会碰到一些自己不情愿而又不得不去做的事情，譬如：陪客户喝酒、唱歌，甚至还要忍受那些不规矩的手，因为复杂的人际关系，很多女人选择了忍耐，然而如果你真的不喜欢这样，大可以用拒绝来维护女性的尊严。要知道，正派的客户谈生意是不需要你这样牺牲的，你出卖的是能力而不是色相。

肖婉刚来到这家公司不久，属于广告创意部。刚上班一个星期，老板就让她出去陪一个客户唱歌，并声明陪同的还有几个人，都是正常的生意关系。肖婉很不情愿，但还是去了，因为她不想失去这份高薪的工作。

三个50岁左右的男人在包房里叫了几个年轻漂亮的女孩一起唱歌、跳舞、喝酒，肖婉看着这些比自己大很多的男人，心里一阵反感，但又不得不赔笑应付。还好那天客户只顾着高兴，没对她有什么过分的举动，否则她真不知道该如何应付才是。

企划案是通过了，可是肖婉怎么也高兴不起来，而且她发现同事看自己的眼光也不一样了，鄙视中夹杂着些许的嫉妒。而且有了第一次，就很难拒绝老板的第二次任务，肖婉实在是进退两难。

女人，不喜欢的事情就不要去做，毕竟委屈的是自己。

在平时生活中也是一样，同事约你逛街、吃饭，如果你很累不想去，就一定要告诉她，不要以为平时关系很好怕她不理解。要知道，越是真正的朋友越应该关心你、体谅你。大声说“不”，在你不愿意的时候，千万不要做自己不喜欢的事情。记住：女人在什么时候都不要勉强自己。

当然，这不仅局限在工作中，对于恋爱期间的女人更有意义：千万不要为了满足男友的要求而献出某些最宝贵的东西。要知道，真正爱你的男人是不会勉强你的，更不会以此作为他不爱你的理由。保持自己的尊严，那样他才会更珍惜你。爱情不仅仅是用性才能表达，语言和思想依然能表达你们的感情，而且还会让你们的感情更深。聪明的女人懂得如何拒绝，包括拒绝各种各样的诱惑。不懂得拒绝的女孩做事情很少有自己的底线和要求，当你的默认成为一种习惯，就很难再从不理智中脱身。如何说出“不要”，是一门学问。

如果你不愿意，没有人可以强迫你。大声说“不”，为了自己。

找回迷失已久的自我本性

有多少人曾想过改变自己，以追逐想要的一切，到头来才发现，自己做了一个邯郸学步的寿陵少年，不仅没有得到自己想要的，还丢了自己最初拥有的。那么，当初为什么就不能尊重自己的本性，做那个最真的自己？也许正是因为没有彻悟。

有一天，一位自然学家经过一座农场，看到鸡舍里的鸡群中有一只老鹰，于是就问农场主人，为什么鸟中之王会落魄到与鸡群为伍的地步。农场主人说："因为我一直喂它吃鸡饲料，把它训练成一只鸡，所以它一直都不会飞，它的一举一动根本就是只鸡，而且也不再认为自己是一只老鹰了。"

那位自然学家说："不过，它到底还是一只老鹰，应该一教就会飞的。"

经过一番讨论之后，两个人终于同意试试看是否可行。自然学家轻轻地把老鹰放在手臂上，然后说："你属于蓝天而不是大地，张开翅膀飞翔吧！"可是那只老鹰有点疑惑，因为它不知道自己是谁。然后它看到鸡群在地上啄食，于是又跳下去与它们作伴了。

自然学家不死心，又把老鹰带到屋顶上怂恿它飞。他说："你是一只老鹰，张开翅膀飞翔吧！"可是老鹰对它的不明身份和这个陌生的世界感到恐惧，于是又跳到地上去啄食了。

到了第三天，自然学家起了个大早，把老鹰带到高山上。他把鸟中之王高举在头顶，再次鼓励它说："你是一只老鹰，属于蓝天和大地，张开翅膀飞翔吧！"

老鹰回头看了看远方的农场，再看了看天空。但还是没有飞。自然学家把它举起来向着太阳。接着，奇迹发生了，老鹰的身子开始颤抖了起来，然后慢慢地张开翅膀。最后，发出了胜利的叫声，冲向了天际。

其实，这只老鹰就是我们的真实本性，本来具有无限的能力和潜力。却被以鸡群为代表的世俗的恐惧和限制束缚了心灵，而可悲的是，我们本身竟然也对此予以默认。

我们因为总把眼光放在外界，追逐于自己所想的美好事物，常常忽视了自己的本性，在利欲的诱惑中迷失了自己。所以才终日心外求法，因此而患得患失。如果能明白自己的本性，坚守自己的心灵领地，又何至于自悔自恼呢？

王羲之的伯父王导的朋友太尉郗鉴想给女儿择婿。当他知道丞相王导家的子弟个个相貌堂堂，于是请门客到王家选婿。王家子弟知道之后，一个个精心修饰，规规矩矩地坐在学堂，看似在读书，心却不知飞到哪儿去了。唯独东边书案上，有一个人与众不同，他还像平常一样很随便，聚精会神地写字，天虽不热，他却热得解开上衣，露出了肚皮，并一边写字一边无拘无束地吃馒头。当门客回去把这些情形如实告知太尉时，太尉一下子就选中了那个不拘小节的王羲之。太尉认为王羲之是一个敢于袒露真性情的人。他尊重自己的本性，不会因外物的诱惑而屈从盲动，这样的人可成大器。

我们常常会羡慕和追求别人的美丽，却忘了尊重自己的本性，稍微受外界的诱惑就可能随波逐流，事实上，每一个人都有自己独有的优点和潜力，只要你能认识到自己的这些优点，并使之充分发挥，你也必能成为某一领域的领军人物。

做人没有必要总是做一个跟从者，一个旁观者，只需知道自己的本性就足可以成为一道风景。不从外物取物，而从内心取心，先树自己，再造一切，这才是你首先要做的。

/04/ 这里是深谷，这里需要高看自己

我们最不需要在乎的，是别人看我们的目光，但我们必须在乎的，是自己看待自己的方式。你的心若凋零，他人自轻视；你的心若绽放，他人自赞叹。人言不足畏，最怕妄自菲薄，当我们以自信的态度看待自己，在别人的眼里，当下的你就是最美的。

苍茫世界，没人替你坚强

“当灵魂迷失在苍凉的天和地，还有最后的坚强在支撑我身体，当灵魂赤裸在苍凉的天和地，我只有选择坚强来拯救我自己。”有时候，你真的不得不坚强，因为如果你不坚强，没人会替你勇敢。

陈丹燕老师在《上海的金枝玉叶》中描写了这样一个美丽的女子——郭婉宝（戴西），她是老上海著名的永安公司郭氏家族的四小姐，曾经锦衣玉食，应有尽有。时代变迁，所有的荣华富贵随风而逝，她经历了丧偶、劳改、受羞辱打骂、一贫如洗……一度甚至沦落到在乡下挎鱼塘清粪桶，但那么多年的磨难并没有使她心怀怨恨，她依旧美丽、优雅、乐观、始终保持着自尊和骄傲。她有着喝下午茶的习惯，可是家中早已一贫如洗，烘焙蛋糕的电烤炉没了多年，怎么办？这些

年她一直自己动手，用仅有的一只铝锅，在煤炉上烘烤，在没有温度控制的条件下，巧手烘烤出西式蛋糕。就这样，几十年沧桑，她雷打不动地喝着下午茶，吃着自制蛋糕，怡然自得，浑然忘记身处逆境，悄悄地享受着残余的幸福。

这就是坚强，一种生活的态度，淡定而从容。生活就是这样，有时意料之中，有时意料之外。不过悲也好，喜也好，你都得活着，都要面对，等你的年龄到了足以有资格回味往事之时，你会发现，那正是你的人生。而这一路陪你走来的，不是金钱、不是欲望、不是容貌，恰恰就是你那颗坚强的心。

也许你有些害怕，于是你不想长大，但很多我们不想经历的，终究还是要经历，长大了就是长大了，就要承受很多东西。人生，从来都是苦大于乐、福少于难的，你得学会苦中作乐，因为如果你不坚强，没人替你勇敢。

或许，如果可以，你更愿意每天随心所欲，不用早起，不用在地铁上拥挤，不必看着老板的脸色，在遭遇挫折以后，不需理睬什么“在哪里跌倒就在哪里站起”，是的，如果可以，你更愿意蹲下来怀抱双膝，慢慢疗伤……可是，人生没有如果，即使有一千个理由让你黯淡消沉，你也必须选择一千零一次的勇敢面对，因为你不坚强，没人替你勇敢。

有时候，看似好友成群，每天的哥们义气、姐妹情谊，可真到了关键时刻，能帮得了自己的却不见一人，所以做任何事情，不要总想着依靠别人，在这个物质至上的社会，你如何百分百确定那人就是真心助你？所以你凡事还得靠自己，因为如果你不坚强，没人替你勇敢。

暴风雨之夜，一只蝴蝶被打落在泥中，它想飞，它拼命挣扎，可是风雨太大，心有余而力不足。在无数次努力失败以后，它大概打算放弃了，这时，一缕阳光射来，映照着它美丽的翅膀，它再一次选择了坚强，经过一次次试飞，它终于挣脱了泥潭，挥动着仍带有泥点的翅膀，在阳光中散发着七彩的光芒。蝴蝶永远知道：如果它不坚强，没人替它勇敢。

人生的绽放，需要你的坚强，没了坚强，你会变得不堪一击，只有经历地狱般的折磨，才会有征服天堂的力量，只有流过血的手指，才能弹出人世间的绝唱!

当每天的坚强成为一种习惯，我们便不会再抱怨天地，你会发现生活不过就是那么一回事，有无奈、有愤恨，有不公、有苦痛，用坚强去面对，它们根本不值一提，不过是生命中的一个插曲。

坚强，显然已经成为一种世界的、民族的趋势，从生存到竞技，从灾难到救援，几乎每一个人都在以乐观、进取来表达着坚强，小到一个人，大到一个国家，都在不停地努力付出，一天天让自己变得更好。

寻找生命中的那个“圣人”

你所有的不幸，只能算是生命之歌中一串不协调的颤音。通过调整与努力，仍然可以奏出动听的乐章，同样可以博得满堂的喝彩！为你伴奏的人不必太多，不要总是把目光盯在别人身上，不该把别人的缺失当作自己堕落的理由。

如果一个人，不信任自我，不承认自我，不去发展自我，他还能做什么？扶不起的阿斗，就算别人想帮，又能帮得了多少？人生这条路，没人能够抬着你走完，寄希望于自我才是最可靠、最有力的成功法则。

多年前，美孚石油公司董事长贝里奇到开普敦巡视工作，在卫生间里，他看到一位黑人小伙子跪在地板上擦水渍，并且每擦一下，就虔诚地叩一个头。贝里奇感到很奇怪，问他为什么要这样做？黑人小伙子回答说，他正在感谢一位圣人。

贝里奇为自己的下属公司拥有这样的员工感到欣慰，接着又问他为何要感谢那位圣人？黑人小伙子说，是圣人帮他找到了这份工作，使他终于有了饭吃。

贝里奇笑了，对他说："我曾遇到一位圣人，他使我成了美孚石油公司的董事长，你愿见他一下吗？"

黑人小伙子感激地说："我是个孤儿，从小靠锡克教会养大，我很想报答养育过我的人，这位圣人若能使我吃饭之后还有余钱，我愿去拜访他。"

贝里奇告诉他："在南非有一座很有名的山，叫大温特胡克山。那上面住着一位圣人，能为人指点迷津，凡是能遇到他的人都会前程似锦。20 年前，我来南非登上过那座山，正巧遇到他，并且得到他的指点。假如你愿意去拜访，我可以向你的经理说情，准你一个月的假。"

这位黑人小伙子在 30 天的时间里，一路披荆斩棘，风餐露宿，过草甸，穿森林，历尽艰辛，终于登上了白雪覆盖的大温特胡克山，他在山顶上徘徊了一天，除了自己，一个人都没有遇到。

黑人小伙很失望地回来了，他遇到贝里奇后，说的第一句话是："董事长先生，一路上我处处留意，直到山顶，我发现，除我之外，根本没有什么圣人。"

贝里奇说："你说得很对，除你之外，根本没有什么圣人。"

20 年后，这位黑人小伙做了美孚石油公司开普敦分公司的总经理，他的名字叫贾姆纳。

当你发现自己的那一天，就是你遇到圣人的时候。这个世界上，有谁会在看穿你的软弱之后，一直默默替你坚强着？不要叹息，世界就是这么现实，只有强者才能适应它的规则。人，总要学着自己长大，然后再学会那些所谓的坚强，最后才能实现自己的梦想，我们只有让自己的内心真正强大起来，才不会让别人看到你的软弱。

始终都要保持对自己的忠贞

忠于自己，也就是积极地评价自己。不管在别人眼里有多少毛病，都始终自我感觉良好，始终认为自己是对的。这让人有时显得很自负，甚至有时候有点霸道，但这也让你看问题做事情高度自信。其实有时我们过分压抑自己，会使我们迈向另一条岔路。一个人的错误永远犯不完，人生的负担你想多重就有多重，应该努力在个性张扬中活出属于自己的精彩。

成功者总是这样认为：“我喜欢我自己，我就是我。没有比这更美好的了，包括我的出生、我的生长，我为我就是我而庆幸。无论我生在什么时代，我都不愿成为别的什么人，而只愿成为自己。”正是这种凡事向前看的思考方法，才会使人积极地进行自我评价。当然，这种善于自我肯定的思考方法，并不一定是天生的。它也是在日常生活中通过不懈的修炼得来的。

在一次演讲比赛上，有位女同学向老师抱怨自己的演讲没有达到自己预期的效果。她说当她站起来演讲时，立刻意识到自己笨拙、胆怯的表现，而班上的其他学员似乎都显得泰然自若，很有信心。她一旦想到自己的种种缺点，便失去了勇气，无法再讲下去了。她还详细地分析了自己的弱点，以求解决的办法。

等她讲完后，老师告诉她，别总想着自己的弱点，并不是缺点使自己讲得不够好，而是自己没有把长处发挥出来。

的确，并不是缺点使人们的演讲、艺术作品或个性显得失败。狄更斯的小说里有不少过度矫情的地方；莎士比亚的戏剧里也有许多历史和地理上的错误。但人们读他们的作品时，没人会注意这些缺点，这些作品之所以会闪耀着不朽的光辉，是因为它们的优点十分显著，以致连缺点都变得不重要了。人们爱自己的朋友，是因为他们的种种优点，而不是缺点。把注意力放在自身的优良品质上，培养优点，克服弱点，认识到你的一生都是在前进，在开发自我。有了这种认识，然后加以坚持不懈的努力，这样才能不断进步，并自我实现。

遗憾的是，生活中总有些消极的情绪影响我们做出正确的自我评价。精神病理学家巴纳德·赫兰博士曾对那些少年犯做过如下评述："初见他们时常给人以独立心极强的印象，富有反抗性，对父母、教师、警察等象征某种权力的人怀有嫌恶感，并对一切都表示不满和不服。然而在他们过度防御的坚实盔甲下面隐藏的却是一颗极其柔弱易碎的心灵。实际上他们在任何时候都希望依赖某个人。"

当我们犯下一些错误或是失去生活中的某种机会时，总是习惯于向别人抱怨。要知道，这种向别人诉说你不喜欢自己的地方，只能是加强你继续对自己不满，因为别人对此几乎总是无能为力的，至多只能加以否认，可你又不会相信他们的话。向别人抱怨是无济于事的，只有自己给予自己一个积极而且比较客观的评价，才有利于你的进步。

有了对自己的正确评价，你就会懂得真正的自我不在于形式的表现，而是一种内心的强大力量。诺贝尔和平奖获得者鲍尔奇曾经受托为一个晚宴确定宾客座次，要使所有有身份的人都感到满意，这件事确实会令人为难，即使对一个专业的礼仪公司来讲也不大好办。而鲍尔奇运用自己独特的办法去做这件事。在宴会前，他告诉大家，请宾客自便，喜欢坐在哪儿就坐在哪儿，他说：“真正重要的人都是不在乎别人怎么看待自己的，而在乎的人都是不重要的。”

我们应该承认这样一个事实：“人是具有个性的存在。”此外我们还可以这样理解：“世界上的任何人，都应该享有发挥自己才能的平等权利。”

欣赏你自己，不需要理由

假如有一天，你穿着漂亮的服装走在街上，很多人都在看着你，你心里会怎么想？你会不会有这样的想法：我脸上没脏东西吧？我是不是有什么问题呢？别人对你的关注，反而让你觉得浑身不自在，好像哪里出了问题似的。

事实上，你用什么样的方式看待自己，就会得到什么样的自我评价。当你认为自己全身上下都是问题时，你的眼里就只会有问题，那么，你将看不到自己的优点。当然，你也不要觉得自己什么都好，假如你总觉得自己比任何人都强，你只会在自己身上找让自己满意的地方，你会看不到自己的缺点，这就进入了另一种极端，这显然也不是什么好事。

美国科研人员进行过一项有趣的心理学实验，名曰“伤痕实验”。

他们向参与其中的志愿者宣称，该实验旨在观察人们对身体有缺陷的陌生人做何反应，尤其是面部有伤痕的人。

每位志愿者都被安排在没有镜子的小房间里，由好莱坞的专业化妆师在其左脸做出一道血肉模糊、触目惊心的伤痕。志愿者被允许用一面小镜子照照化妆的效果后，镜子就被拿走了。

关键的是最后一步，化妆师表示需要在伤痕表面再涂一层粉末，以防止它被不小心擦掉。实际上，化妆师用纸巾偷偷抹掉了化妆的痕迹。

对此毫不知情的志愿者，被派往各医院的候诊室，他们的任务就是观察人们对其面部伤痕的反应。

规定的时间到了，返回的志愿者竟无一例外地叙述了相同的感受——人们对他们比以往粗鲁无礼、不友好，而且总是盯着他们的脸看！

可实际上，他们的脸上与往常并无二致，什么也没有变化；他们之所以得出那样的结论，看来是错误的自我认知影响了他们的判断。

这真是一个发人深省的实验。原来，一个人内心怎样看待自己，在外界就能感受到怎样的眼光。同时，这个实验也从一个侧面验证了一句西方格言："别人是以你看待自己的方式看待你。"不是吗？其实很多时候，导致我们人生糟糕的关键，就是我们的自我评价系统出现了问题，因为无法正确看待自己，我们把自己人生的高度设置的越来越低。

尼克松是我们极为熟悉的美国总统，但就是这样一个大人物，却因为一个缺乏自信的错误而毁掉了自己的政治前程。1972年，尼克松竞选连任。由于他在第一任期内政绩斐然，所以大多数政治评论家都预测尼克松将以绝对优势获得胜利。然而，尼克松本人却很不自信，他走不出过去几次失败的心理阴影，极度担心再次遭到失败。在这种潜意识的驱使下，他鬼使神差地干出了后悔终生的蠢事。他指派手下的人潜入竞选对手总部的水门饭店，在对手的办公室里安装了窃听器。事发之后，他又连连阻止调查，推卸责任，在选举胜利后不久便被迫辞职。本来稳操胜券的尼克松，因缺乏自信而导致惨败。

所以，无论如何别把自己看得太低，或许你才是大众的焦点。你没有必要太在乎别人的看法，因为你永远是你，没有人能够取代你。是的，不要把自己看得太低，否则你对不起很看好你的父母兄弟。就算你不能挡住别人俯视的视线，但你完全可以改变自己的位置，就算不能让他们仰视，但至少可以与他们比肩而立！

真的，不要把自己看得太低，也不能把自己看得太低。你才是生命力的擎天柱，你更要为家人撑起一片天，你要将自己托起，托到一个足够高的位置。我们要学会用欣赏的眼光看自己，如此才能消除自卑，树立自信。才能给命运带来转机，给生命带来机遇和色彩。

你自信，才不会被“拒签”

你先相信自己，别人才会相信你。

我们总是于生活中，受制于某些因素，失去了某些信心，蹉跎了岁月的旅程。有时，努力，用心，并不如意，于生活中孜孜不倦，换来的不全是温馨。

然而，就这样放弃了吗？从此就对自己彻底怀疑了吗？如果你纵容自己一辈子幽幽怨怨地过日子，生活只会是乏味和郁闷的。与其没完没了地折磨自己，不如拿出勇气。自信，是脸上最美丽的神态。

有个女孩，清华大学建筑学院毕业后，顺利拿到美国哈佛大学研究生院的录取通知书。可是，没想到一切都准备好了，却在美国大使馆签证时连续两次被拒，女孩很伤心，躲在宿舍里哭。

一个要好的同学劝她，为什么不找个咨询公司帮忙，挺灵的。听说有个师姐，四年前被拒签过三次，四年后再去签，还没有过，后来找了一家咨询公司，在那里泡了半个月，很顺利就通过了。

女孩动心了，找到一家叫“信心”的咨询公司。公司只有三个人，老板加两个助手。老板把女孩拿来的签证材料看了一遍说，你的材料没问题。又让女孩详细述说了两次被拒签的经过。女孩细声细语地讲着，眼睛低垂，头也低着，不敢与老板对视，老板听着听着，打断女孩：“不要说了，你的毛病就在这里。”

原来，女孩性格内向，不善与生人交往，一说话就脸红，还老爱低眼垂眉的，给人一种没有自信的感觉。老板很有经验地对女孩说：“你在我们公司主要就训练三项内容——抬起头来，眼睛平视，大声说话。”于是，接下来的两个星期里，那两个助手什么也不干，就想方设法让女孩养成抬起头来与人平视的习惯，并训练她大声说话。

第三次签证，半是习惯，半是刻意，女孩始终高昂着头，眼睛直盯着那个签证官，侃侃而谈，应对如流，从容不迫。那个签证官狐疑地看着前两次的拒签记录，嘴里嘟嘟囔囔地说，“不自信，吞吞吐吐，不敢抬头”，好像完全不是说的这个女孩儿，最后，他微微一笑：“你很优秀，看不出有拒绝你的理由，美国欢迎你。”整个过程只有 5 分钟。

抬起头来，眼睛平视，大声说话！这是培养自信的最直接的方法！人生中也会遇到很多次“拒签”，当你变得自信的时候，还有什么理由再“拒签”你呢？

给自己鼓掌，要格外响亮

掌声不是别人给你的，是你自己争取的，你先在心里为自己鼓掌，别人才会在生活中为你鼓掌。

掌声对每个人来说都是一次鼓励，一次帮助，一句肯定的回答。

别人给你的掌声是别人给你的肯定，而你自己的掌声就是自信。

有一位女歌手，第一次登台演出，内心十分紧张。想到自己马上就要上场，面对上千名观众，她的手心都在冒汗："要是在舞台上一紧张，忘了歌词怎么办？"越想，她心跳得越快，甚至产生了打退堂鼓的念头。

就在这时，一位前辈笑着走过来，随手将一个纸卷塞到她的手里，轻声说道："这里面写着你要唱的歌词，如果你在台上忘了词，就打开来看。"她握着这张纸条，像握着一根救命的稻草，匆匆上了台。也许有那个纸卷握在手心，她的心里踏实了许多。她在台上发挥得相当好，完全没有失常。

她高兴地走下舞台，向那位前辈致谢。前辈却笑着说："是你自己战胜了自己，找回了自信。其实，我给你的，是一张白纸，上面根本没有写什么歌词！"

她展开手心里的纸卷，果然上面什么也没写。她感到惊讶，自己凭着握住一张白纸，竟顺利地渡过了难关，获得了演出的成功。

"你握住的这张白纸，并不是一张白纸，而是你的自信啊！"前辈说。

人有时候很奇怪，总是试图借助外界力量来增强自己的力量，但事实上，对我们帮助最大的，并不是别人或者别的什么东西，而是我们坚信自己"能够行"的信念。

虽然，我们终尽一生也未必能够活在耀眼的灯光下，一展自己动人的歌喉与聪明才智。也许，我们赢得不了别人的掌声，没有这样的机会。但只要有一双手，我们就可以为自己鼓掌。

感谢我们曾经受到过的歧视

生活中，我们随时可能一不小心就受到不平等的待遇，特别是在我们还贫穷的时候。贫穷并不可怕，受到不平等待遇，甚至受到侮辱也不可怕，可怕的是，我们在受到侮辱后麻木不仁。只要有奋发向上的决心，被歧视也能成为一种力量，并把这种力量运用好，终有一天，当我们回头看自己走过的路时，我们会感谢曾经受到过的歧视。

美国地产大王哈利曾经是一名工厂的机器清洗工，由于日常清洗机器时，工作服经常会沾上机油，以致衣服上留下了斑斑点点的洗不掉的油污渍。他万万没想到，就因为他的工作服有些污渍，竟经受了一次耻辱的经历。

那天，他下班后去一家商场挑选了很多日用品。当他在收银台前排队的时候，前面一名也在排队的妖艳女人回头看到他的衣服有污渍时，竟认为很脏，捂着鼻子走开，把本来想买的东西随地一扔就走出了商场。哈利虽然感觉受到侮辱，倒还是没表现出来。

约一分钟后，又有个女人提着购物篮走过来排队，刚走到哈利身后时，也凑巧看到他身上的油渍就突然走开了。

哈利觉得这两个女人都装模作样，假装高贵。他知道，他的衣服虽然有点污渍，但每天都洗过，其实并不脏。他想，因为工作的关系，不可能一下班就西装革履呀，这些女人也真是没修养。

正当他边想边排队，快轮到他结账的时候，商场的保安突然走过来把他拉了出去。

他质问保安："为什么这样对待我?！"

保安说："商场有规定，谢绝衣服不干净的顾客，而且刚才有人向商场投诉了你。"

尽管他理直气壮地跟保安辩论，但还是被赶了出来。围观的人很多，他觉得这是有生以来受到的最大的侮辱。

那天晚上，他失眠了。他含泪发誓，一定要尽快拼搏，再也不让人"瞧不起"。从第二天开始，他每天除了吃喝拉撒，全部用来工作。下班后马上到附近一家餐厅做洗碗工。

由于他的敬业，三个月后，他被提拔为清洗车间经理。一年后，他有了一些积蓄，便联合了一位朋友开了一家商场。他想，在哪里跌倒，就要在哪里爬起来。他要让他的商场成为穷人的购物天堂，所以他规定，凡是工厂里的工人，只要凭工作证，都给予八折优惠。

果然，他如愿以偿。后来，哈利有了大笔资金后。又涉足房地产。终于在十年后拥有两亿美元的个人资产，成为美国的地产大王。

羞辱是可能促使一个人走向成功之道的。一个人如果能把羞辱化为动力，顽强地站起来，就能活得更有尊严，取得最后的胜利。而且，当你再回头望过去时，你会认识到，要是没有从前的羞辱，就不会有你日后的努力和成功。

这不禁让人想起一首诗：

"我相信有一天，我流过的泪将变成花朵和花环，我遭受过千百次的遍体鳞伤，将使我一身灿烂……"

给别人一个高看你的事实

如果你想要很认真地活着，但别人不看重你，这个时候你一定要看重你自己；如果你希望得到更多的关注，但别人不在乎你，这个时候你一定要在乎你自己。你自己看重自己，自己在乎自己，最后，别人才会看重和在乎你。

她出生在北京一户普通人家，初中毕业以后，曾在北京椿树医院做过一段时间护士。随后，一场大病几乎令她丧失了活下去的勇气。然而，大病初愈的她却突然感悟到：绝不能继续在这个毫无生气、甚至无法解决温饱的地方浪费青春。于是，通过自学考试，她取得了英语专科文凭，并通过外企服务公司顺利进入“IBM”，从事办公勤务工作。

其实，这份工作说好听一些叫“办公勤务”，说得直白一些，就是“打杂的”。这是一个处在最底层的卑微角色，端茶倒水、打扫卫生等一切杂务，都是她的工作。一次，她推着满满一车办公用品回到公司，在楼下却被保安以检查外企工作证为由，拦在了门外，像她这种身份的员工，根本就没有证件可言，于是二人就这样在楼下僵持着，面对大楼进出行人异样的眼光，她恨不得找个地缝钻进去。

然而，即使环境如此艰难，她依然坚持着，她暗暗发誓：“终有一天我要出人头地，绝不会再让人拦在任何门外！”

自此，她每天利用大量时间为自己充电。一年以后，她争取到了公司内部培训的机会，由“办公勤务”转为销售代表。不断的努力，令她的业绩不断飙升，她从销售员一路攀升，先后成为IBM华南分公司总经理、IBM 中国销售渠道总经理、微软大中华区总经理，成了中国职业经理人中的一面旗帜。

她创下了国内职业经理人的几个第一：第一个成为跨国信息产业公司中国区总经理的内地人；第一个也是唯一一个坐上如此高位的女性；第一个也是唯一一个只有初中文凭和成人自学高考英语大专文凭的跨国公司中国区总经理。在中国职业经理人中，她被尊为“打工皇后”。没错，她就是吴士宏。

人生，有无数种开始的可能，同样也有无数种可能的结果，今天的强者，曾几何时未必不是个弱者，由弱到强的转变，靠的就是心中始终憋着的那口真气——那口不愿低人一等、不愿随波逐流的人生志气。而积聚起这口真气的关键就在于，他们自始至终没有低看过自己。

世界上大多数不能走出生存困境的人，都是由于对自己信心不足，他们就像一棵脆弱的小草一样，毫无信心去经历风雨。如果你不想被别人看低，就给他们高看你的理由，一个人无论生存的环境多么艰难，有一颗自强自信的心是最重要的。

莫怨父母贫，莫恨少年穷

也许此时的你只是一株稚嫩的幼苗，然而只要坚忍不拔，彼时终会成为参天大树；

也许此时你只是一条涓涓小溪，然而只要锲而不舍，彼时终会拥抱大海；

也许此时你只是一只雏鹰，然而只要心存高远，跌几个跟头，彼时终会翱翔蓝天……

你得明白，那些真正有品位的人不会因为你此时的羸弱看不起你，除非你放弃了强大的权利，给了他们不得不轻视你的理由。

当他还是个少年时，他有些自卑，他长得又瘦又小，其貌不扬，而且他的家庭让很多同学看不起，他父亲是卖水果的，母亲是学校边上的“餐车娘”。而他的同学，那些孩子大部分都是富家子弟，只有他是一个例外，他的父亲没有受过教育，深知没有知识的痛苦，于是狠下心花了大部分积蓄将他送入这个贵族学校。

从第一天踏入这个学校开始，他就受到了歧视，他穿的衣服是最不好的，别的孩子全穿名牌，一个书包、一只铅笔盒甚至都要几百块，有人笑话他的破书包，他曾经哭过，可他没有告诉父母，因为怕父母伤心难过，因为这个书包还是妈妈狠下心给他买的。

对他最好的就是李老师了，李老师总是鼓励他，总是笑眯眯地看着他，李老师长得又端庄又漂亮，好多孩子都喜欢她。

那一年圣诞节，除了他，所有孩子都给老师买了平安果，都是在那个最大的超市买的。但他买不起，一个平安果便宜的要十块，贵的要几十块，他没有钱，他也不想和父母要钱，于是他煮了家里的一个鸡蛋送给了李老师。

当他把这个鸡蛋拿出来时，所有人都笑了，他心里五味杂陈，他更怕老师也会笑话他。

但想不到李老师非但没有笑话他，而且当着全班同学的面说：“同学们，这是我收到的最好的礼物，这说明这个同学很有创意，其实不必给老师买什么平安果，有这份心意老师就很感动了。”

接下来，李老师还给他们讲了一个故事：

从前，一个小女孩，她的家很穷，她是个穷孩子，有一天，母亲带着她去给校长送礼，为的是让孩子转到这个中心小学来，母亲把家里唯一的一只老母鸡送给了校长，但当她们说明来意时，那校长却说：

“谁要这东西？我们早吃腻了老母鸡。”

那句话深深刺伤了小女孩和她的母亲。她们没有去中心小学，小女孩还在她们村子里上学，但她明白了自己应该发奋努力，年年考第一，最后，她以全乡第一的成绩考上了县重点中学，后来，她又考上北京师范大学，现在在一所高级中学里教书。

孩子们听完都很感动，李老师说：“那个女孩子就是我。”

他听完，眼眶里已经饱含眼泪，他总以为自己是穷人家的孩子，谁都会歧视，根本没有尊严可言，但老师言传身教给了他极大的鼓励。从这以后他认定：每个人都是有尊严的，无论贫穷还是富有。所以，他发奋努力，而如今，他已经在国内一所知名学府任教。

一个人就算被毁灭，也不应该被打败。也许并非每个人都能成为人生的赢家，但是面对人生中的失意，你无论如何也要从容地、保持尊严地活下去，即使默默无闻也好，就算平平凡凡也罢，重要的是，你只要还活着，再怎么一无所有，也别把做人的尊严和风度一并输掉。当你感到无助和绝望的时候，其实你还有选择的机会。

你改变不了这个世界，但你却可以改变自己。其实谁都可以活得很漂亮。自尊，并不是贵族的权利，甚至当你为自尊而努力之后，你也会逐渐成为贵族。

煮沸别人泼来的瓢瓢冷水

在你成长的过程中，常有人泼冷水，问题是，别人一泼，你就退缩了吗？如果你认为自己对，就可以坚持到底，走自己的路。

歌德是18世纪中叶到19世纪初德国和欧洲最著名的剧作家、诗人、思想家。但在他年轻的时候，曾经是一个绘画爱好者，他习惯于用绘画的方式表达自己的心灵和思想，并且努力想成为一名非凡的画家。虽然他为自己的梦想而不懈努力着，但却始终不能在绘画上取得什么成就。然而，幸运的是在他习画的同时，也酷爱文学，渐渐地，歌德发现自己更擅长用文字来表现心灵和思想。不知不觉中，他把更多的精力投入到了写作中去。

当时正是欧洲社会大动荡、大变革的年代，封建制度日趋崩溃，革命力量不断高涨。歌德也因此而不断接受到先进思想的熏陶和洗礼，从而加深自己对于社会和人生的认识，创作出了一些诗歌和戏剧的剧本。但歌德的做法遭到了不少绘画界人士的抨击，他们指责歌德是对绘画艺术的“不忠”和“叛离”，是一个艺术叛徒。所以，当歌德尝试拿着自己的创作成果寻找出版商时，遭到了一些人的暗中作梗，以至于他的这些创作成果只能被长期搁浅，无法面向读者。

后来，一家私人出版机构总算同意出版他的一本诗集，可一面世就遭到了不少人的炮轰，甚至有人买了那本诗集后，又邮寄给歌德，封面上却写有这么几行字 :“这就是一个艺术叛徒所写的所谓的诗歌?简直太荒谬了！”

歌德收到这本诗集后，不但没有生气，反而把它当成一个装饰品挂在书房里最显眼的一面墙上。一位好朋友不解地问他 :“你为什么容忍他们这样不断地向你泼冷水？”

“为什么不能容忍？他们在不断地使我成才，难道我要生气吗？”歌德微笑着说。

“泼你冷水是在使你成才？”他的朋友困惑地问。

“当然，假如你往一块干石灰上泼上凉水，它会立刻全身沸腾起来，泼的冷水越多，石灰沸腾得就越强烈，之后它就成为一种建筑材料了！”歌德这样说。

就在这种坦然面对挫折和打击的乐观心态里，歌德的心真的犹如石灰那样“沸腾”起来了——几年时间，他创作出了一大批诗歌、剧本、小说和哲学作品，其中就包括德国历史上第一部现实主义历史剧《葛兹·冯·伯里欣根》和风行全球的《少年维特之烦恼》，歌德的名字也由此而跃居世界级诗人行列，他最终成为一名无可替代的、璀璨于全球的文学巨匠!

人最不能犯的错误，就是看低自己。当别人的评价让你感到无可奈何时，没关系，只要你知道曾经有一个独特的、与你气质相近的人成功了，那么就不必再为别人的眼光而感到苦恼。对于别人的击打，你可以做出两种反应：要么被击垮，躲在角落里哭泣，朝着他们想看到的样子沉沦下去；要么选择无视，就做最真实、最好的你自己，坚持到底。结果是，前者会泯然众人，而后者往往会惊天动地。

辑二 瞭望

你要的幸福，都在看得见的地方

/01/ 带着梦想，这一路就不会幽暗寒凉

人生，一半是现实，一半是梦想，努力会让后者走进前者的心里。虽然难掩无助与仓皇，却充斥着幸福与期望。做好当下的自己，褪尽幼稚与浮华，别忘了当初的梦想，不卑不亢地活着，兴许明天就会更好。

丢失目标的灵魂麻木凄凉

灵魂如果没有确定的目标，它就会丧失自己，因为俗语说得好，到处在等于无处在，四处为家的人无处为家。

对一个人来说，可以没有成功，却不能没有目标。

生活中没有目标的人，犹如一个没有罗盘的水手，在浩翰的大海里随波逐流。看不到尽头，看不到希望，所剩下的，只有迷失的航向和数不尽的迷茫。

在美国纽约有一个警察，他在执行任务时被匪徒射中左眼和右膝盖骨。三个月以后，当他从医院出来时，已经完全变了模样：曾经英俊挺拔、双目炯炯有神的小伙子，成了一个又跛又瞎的残疾人。

他因此消沉了吗？不！他不顾身体现状，坚决要参与抓捕行动，

他势必要把匪徒抓捕归案。为了这个目标，他几乎跑遍了整个美国，甚至为了一个“小道消息”独自一人飞往欧洲。

九年后，那个匪徒终于在亚洲某个小国落网，当然，他起到了非常关键的作用。在庆功会上，他再次成为英雄，媒体将其誉为“全美利坚最坚强、最勇敢的人”。然而仅仅过了半年，他就在自己的家中割脉自杀了。

在遗书中，人们找到了他自杀的原因——他死于绝望：“多年以来，支撑我活下去的信念就是抓住凶手……如今，伤害我的凶手得到了应有的惩罚，我的仇恨被化解了，可生存的目标也随之消失。面对自己的伤残，我从来没有这样绝望过……”

复仇自然不能成为我们的目标，但这应该让我们有所感悟：信念能够创造生命的奇迹，拥有它时，生命就会被激发出无穷力量；失去它时，生命就会无限荒凉。

一个没有生存目标的人，就是大海里一艘没有方向的船，等待它的只有无边的空寂、痛苦和折磨。

没有目标的生活，犹如一潭死水，毫无生气，“这是一潭绝望的死水，清风吹不起半点涟漪。”

没有目标的人，自然不思进取，因为没有方向，有力气都不知往哪一处使。

没有目标，世界是人的中心，人只是茫茫世界中的一粒沙，而有了目标，人就成为整个世界的中心，就成了自己的主人。

所以如果不想让自己的灵魂迷失，就给自己设定一个目标，让你的生活有一个方向。

成功的雏形，只是一个梦想

年轻时的一个梦想，就是一粒金色的种子。它会发芽，它会成长，它会努力实现最初的梦想。它无法预知未来的世界，也猜不出将面临何样的磨难，但它是一个信念，会促使人一直向前。

“4 年前，小米刚刚创立，在中关村，十来个人、七八条枪要去做手机，有谁相信我们能赢？”雷军在乌镇参加全球互联网峰会时说道，“手机这个行业是刀山火海，前面有三星、有苹果，后面有联想、有华为……一个正常人想到智能手机，就觉得这个市场竞争很激烈。

“3 年前，我们的产品刚刚发布，仅仅用了 3 年时间，谁能想到，这十来个人的小公司，在竞争这样激烈的市场里面，杀到了全中国第一、全球第三。我们今天有这样的业绩、有这样的起跑线，我觉得我们总应该有这么一点点梦想，用 5 到 10 年时间杀到全球第一吧。梦想还是要有的。

“我有天晚上从梦中醒来，我问了自己一个问题：我 40 岁了，在别人眼里功成名就，已经退休了，还干着人人都很羡慕的投资。我还有没有勇气去追寻我小时候的梦想？岁数越大，谈梦想就越难，大家现在都是最有梦想的时候，你们到了 40 岁的时候，还有梦想吗？面对残酷的现实，还有几个人能笑对今天、笑对明天？

“我当时问我自己，还有没有勇气去试一把。这么试下去风险很高，有可能身败名裂，有可能倾家荡产，而且更重要的是，我在别人眼里已经是一个成功者，我需要冒这么大的风险去做一件这么艰难的事情吗？其实我真的犹豫了半年时间。最后我觉得，这种梦想激励我自己一定要去赌一把，只有这样做，我的人生才是圆满的，至少当我老了的时候，还可以很自豪地说：我曾经有过梦想，我曾经去试过，哪怕输了。我最后下定了决心，创办了小米。刚开始，我认为我百分之百会输，我想的全部是我会怎么死，但我真的很庆幸，我们竟然只用了3年，取得了一个令我自己都无法相信的结果。

“我为什么会有这样的梦想？因为我18岁那年，在图书馆无意之中看了一本书，改变了我的一生。那是1987年，我上大学一年级，那本书叫《硅谷之火》，讲述的是20世纪70年代末、80年代初，硅谷英雄们的创业故事，其中主要的篇章就是讲乔布斯的。书中说，乔布斯在那个年代，代表着美国式的创业。我记得20世纪90年代比尔·盖茨很成功的时候，他说“我不过是乔布斯第二”，乔布斯在80年代就已经如日中天。当时看了这本书，激动的心情久久难以平静。我清晰地记得，我在武汉大学的操场上，沿着400米的跑道走了一圈又一圈，走了个通宵，我如何才能塑造与众不同的人生？在中国这块土壤上，我们能不能像乔布斯一样，办一家世界一流的公司？我觉得只有这样，我才无愧于我的人生，才会使我自己觉得，人生是有价值、有意义、有追求的。

“当我有这样的梦想后，我认为放到口头上是没有用的，怎样才能够落实到实际的学习和工作中，这才是最重要的。我当时给自己制订了第一个计划：两年修完大学所有的课程。我用两年时间完成了目标。我是当时武汉大学为数不多的双学位获得者，而且我绝大部分的成绩都很优秀，在全年级一百多人里排名第六。

“有梦想是件简单的事情，关键是有了梦想以后，你能不能把梦想付诸实践。你要怎么去实践，你怎么给自己设定一个又一个可行的目标？当然，有了这样的目标还不够，因为要成功不是一件简单的事情，需要你长时间的坚韧不拔、百折不挠。

“我在40岁的时候，没有忘记18岁的梦想，我去试了。我经常跟很多年轻人交流梦想。我自己特别喜欢一句话，叫作“人因梦想而伟大”。只要你有了梦想，你就会变得与众不同。周星驰也讲过一句名言，叫“做人如果没有梦想，跟咸鱼有什么分别”。所以关键的是，要有梦想，有梦想是你迈向成功的第一步，有了第一步以后，你一定要为自己的梦想去准备各种坚实的基础。”

最伟大的成就在最初的时候也只是一个梦想，梦想是我们未来的辉煌。也许，你现在的环境并不很好，但你只要有梦想并为之而奋斗，那么，你的环境就会改变，梦想就会实现。

成功在一开始仅仅是一个选择，但是你选择了什么样的梦想，就会有什么样的成就，就会有什么样的人生。杰出人士与平庸之辈的根本差别并不是天赋、机遇，而在于有无梦想和梦想的高远与否。

梦想，可以是件平凡事

很多时候，我们在生活中扮演的都是一个卑微的角色，但是卑微的人依然可以有梦想，梦想从来都不卑微。

小公园内，几个年轻小伙子伴着音乐在跳街舞。如果你不认真留意，会觉得他们就是街边卖艺讨生活的。因为见的比较多，所以行人大多没有停留。

其实，他们只是街舞爱好者，正在开始组合练习。他们不是什么名人，身份是车间流水线上的蓝领一族。这是一群生活在社会底层的人，每天周而复始地过着几乎同样的生活，每天的工作来来回回也就是那么几个动作。

工作忙的时候，他们需要通宵达旦地加班，甚至有时生病了，也不愿意请假。那种日子，是很容易让人颓废的，那样的生活，有时真让人感觉很无趣。然而，因为诸多原因，很多人都在重复着这样的生活，并不是每个人都有能力可以从这里脱离。但是，生活其实是可以靠自己改变的。

就像这群年轻的小伙子，他们没有观众，但也没有对生活的抱怨，他们在用音乐和自己的舞蹈去充实枯燥的生活。他们跳舞的地方离马路不远，来往的行人不少，但欣赏他们的人却很少，有时甚至还有几个不着调的人喝倒彩。但他们并不在意这些，因为他们有梦，一切都不能阻碍他们向梦想前进的勇气。他们的精神，相对于现在的社会，是十分的可贵。不是炒作，也不用任何人来宣传，他们用自己的热情给这个小镇带来了欢笑和喜悦。他们身上散发出来的动力，是任何物质也无法取代的可贵。他们无须包装，不需要向任何人汇报自己的出身，用平凡去挑战更高的平凡。这就是人生，是最值得叹服的人生。

有句话说：有梦想的人最伟大。他们的表演现在看起来是廉价的，但是那梦想却是无价。对于没有显赫家庭背景的人，努力是唯一的砝码，奋斗是唯一的鼓励，然而他们始终如一地坚持往前走。不去惧怕前路的渺茫，也不去担忧明天的烦恼，只要自己存在，就用自己的快乐去营造美好的人生。所以，没有谁的梦想是卑微的，也没有谁的生命是低贱的，不管是富豪还是工人，不管是蓝领还是白领，只要拥有一颗积极乐观的心，不管在哪里都依然是颗闪亮的明星。

辜负梦想的，常常是我们

有时，梦想的确给人以可望而不可及的感觉。于是，有人渐渐习惯了仰望，只是仰望，不再向前迈步。那么，梦想终究不会照进现实！这是失梦人，失去的不止是梦想。

而有些人，无论生活多么艰难，从来没有放弃梦想：白方礼的车轮转动不息，播种希望，满目芬芳；杨善洲的林地再添新绿，清风拂叶，遍山苍翠；陈家顺的步伐总在路上，汗水洒尽，笑逐颜开；高淑珍的小院爱心常驻，苦忧皆尝，阳光满园……他们大多只是普通人，可是，他们有梦想并在为之不懈奋斗，终使他们的生命之花在万花丛中熠熠生辉、灼灼其华。

一个23岁的女孩子，除了爱想象之外，与别人相比没有什么不同，平常的父母，平常的相貌，上的也是平常的大学。

大学的宽松环境让她有了更多的时间去想象，她的脑海中常会出现童话中的情景：穿着白衣裙的芭比娃娃、蔚蓝的天空、绿绿的草地。当然；还有巫婆和魔鬼……他们之间有着许多离奇的故事，她常常动手把这些故事写下来，并且乐此不疲。

在大学里，她爱上了一个男孩，他的举止和言谈真的和童话里的王子一样，他是她想象中的"白马王子"，她很爱他。但是，他却受不了她的脑海中那荒唐的不切实际的想法。她会在约会的时候突然给他讲述一个刚刚想到的童话，他烦透了这样"幼稚"的故事。他对她说："天啊，你已经23岁了，但你看起来永远都长不大。"他弃她而去。

失恋的打击并没有阻止她的梦想和写作。25岁那年，她带着改变生活环境的想法，来到了她向往的具有浪漫色彩的葡萄牙。在那里，她很快找到了一份英语教师的工作，业余时间继续写她的童话。

一位青年记者很快走进了她的生活，青年记者幽默、风趣而且才华横溢。她爱上了他，他们很快步入了婚姻的殿堂。但她的奇思异想让他也无法忍受，他开始和其他姑娘来往。不久，他们的婚姻走到了尽头，他留给她一个女儿。

她经受了生命中最沉重的一击。祸不单行的是离婚不久，她又被学校解聘了。无法在葡萄牙立足的她只得回到了自己的故乡，靠社会救济金和亲友的资助生活。但她还是没有停止她的写作，现在她的要求很低，只是把这些童话故事讲给女儿听。

终于有一次，她在英格兰乘地铁，她坐在冰冷的椅子上等晚点的地铁到来，一个人物造型突然涌上心头。回到家，她铺开稿纸，多年的生活阅历让她的创作热情一发不可收。

她的长篇魔幻故事《哈利·波特》问世了，并不看好这本书的出版商出版了这本书，没想到，一上市就畅销全国，达到了数百万册之巨，所有人都为此感到吃惊。

她的名字叫乔安娜·凯瑟琳·罗琳，她被评为“英国在职妇女收入榜”之首；被美国著名的《福布斯》杂志列入“100名全球最有权力的名人”，名列第25位。

每个人都会有想象，但想象最终总被岁月无情地夺去，只留下苍白而又简单的色彩。在这个世俗而又讲求物质的社会中，人们总是认为梦想与成功之间的距离遥不可及。其实并不是如此，成功与失败的分水岭其实就是能否把自己的想象坚持到底。

你若认真，梦想就会成真

任何一条路，都是我们自己的双脚走出来的，任何的梦想，都是我们用自己的双手去实现的。不经你的同意，没有人能够阻止你去梦想、去攀登，就算是地心引力也不能，只要你坚持自己的梦想，你就会取得连自己都感到骄傲的成功和胜利。

卡尔·卡拉布尔是一位黑人，他的梦想是当一名潜水员，并且得到“一级军士长”勋章。16岁时他成了一名海军，欣喜自己向着梦想迈出了第一步。可接下来的事，令他倍感沮丧，因为他是黑人，除了周五可以下海游泳，其余时间只能在厨房干活。

于是他写了几千封申请书，要求去新泽西州的潜水员学校，而不是待在厨房里。他的执着终于感动了教官，教官给他写了一封推荐信，恳请那里的校长接纳这个优秀的黑人士兵。可是，有严重种族歧视倾向的校长，表面上收下了卡尔，私下里却打定主意：绝不让卡尔当上潜水员！

第一次理论考试，卡尔考了37分，校长警告他说，下次再不及格，开除！周末，士兵们开车去镇上喝酒、狂欢，卡尔以打扫卫生作为交换条件，请求图书馆管理员，允许他48小时待在这里学习。经过刻苦努力，第二次考试，卡尔考了94分。

潜水课上，白人士兵的潜水时间是3分钟，可校长故意刁难他，把他的时间延长。结果，卡尔在海水里潜了足足5分钟，安然无恙。

终于要毕业考试了，也是最难的一关，卡尔信心十足。冬日的上午，海面上冷风嗖嗖，校长喷着满嘴的雾气说："你们潜到300米的海底后，将给你们沉入一个工具包，你们必须组装好包里的零件，送上甲板，然后才能拿到毕业证书。"

别的士兵3分钟之内，顺利完成了任务，被拉上了甲板。可是，卡尔的工具包却被刻意用利刃割破，扔进海里。那些小零件，天女散花般散落在黑暗幽深的海底，卡尔必须将它们一个一个从沙子、淤泥里找寻出来，才能组装。

天渐渐黑了，卡尔依旧待在冰冷的海底。可九个小时后，卡尔发出讯号，将组装好的成品，送到了校长面前。

被拉上甲板的卡尔虚弱不堪，瑟瑟发抖，但他顽强地完成了任务，校长不得不颁发给他潜水员毕业证书。卡尔成为美国第一位黑人潜水员，且极其出色和优秀。不久，被授予"二级军士长"军衔。又奋斗九年后，卡尔成为美国海军第一位黑人一级军士长。

凡事只要认真，就会梦想成真。不管人生的起点是多低，只要矢志不渝、刻苦磨练、百折不回，就有希望登上梦想之巅。

除了你自己，没有人能阻碍你前进的步伐。这是我们人生最大的价值，也是一条少有人走的路，遵从内心，不理会任何的流言蜚语，不回避遇到的所有障碍，勇往直前，你的路总会平坦。这不是自欺欺人，而是一条被无数次实事证明过的定理。

在颠簸的日子里依然不忘初心

你目前的状况很糟糕，但其实最糟糕的往往不是贫困，不是厄运，而是精神和心境处于一种毫无激情的疲惫状态：那些曾经感动过你的一切，已经无法再令你心动；那些曾经吸引过你的一切，同样美丽不再；甚至那些曾经让你愤怒的、仇恨的、发狠要改变的，都已无法在你心中撩起波澜。这时，你需要为自己寻找另一片风景。

他，里面穿着一件旧T恤，外面套着略显破旧的皮夹克，夹克的肩部垫着厚厚的皮垫，上面放着一台便携音响连着组合乐器，他带着这些东西洒脱地奔向人群。他，就是流浪歌手。

每晚7点以后是他工作的开始，他会拿着自己编排的歌谱，去各个饭店让客人点歌。歌谱上的歌曲有许多：现代的、过去的、新潮的、经典的。他最喜欢的是张雨生的《我的未来不是梦》。

天黑得快，又冷。很少有人会在外面吃饭，他不得不多去些地方碰运气，因为有些饭店是不让他进的。一个小时过去了，他仍然没有挣到一分钱。走了几站的路，他有点累了，靠在路灯下，半闭着眼，长发在光晕下显得如此沧桑。这两年他的脾气已经在别人的冷嘲热讽、白眼、甚至是骂声中被磨得没了棱角。有一段时间他感到很迷茫。在自己的地下室出租屋里一待就是一天，或者去看老头打牌、下棋。他想过放弃，但自己为了音乐付出了这么多，就这样放弃他又有些不甘。他反复地说："人这一辈子总得有个奔头，有个希望。"而音乐当然就是他的希望。他相信自己能成功。他并不觉得自己比那些明星差多少。

一个青年女子走了过来，丢下 1 块钱在地上，他拾起来还给了她，说：“我是卖艺的，不是要饭的。”她轻蔑地看了他一眼，随便点了一首歌，没等他唱几句，转身离开了。这是他赚到的第一笔钱，钱是拿到了，但拿得却是如此心酸。

临近午夜，他开始往回走。天气有些凉，路上的人已经很少了。他不冷，走了这么久的路，身子早就暖和过来了。走到一个酒店门口，他被两个醉汉拉住，非要他唱歌给他们听。他唱了几首，他们很高兴，但拒绝付钱，几个人纠缠在一起，被酒店保安劝开，他无奈地被赶走。

他一天的工作结束了，这一天他只挣到一点饭钱，空寂的马路上，路灯映着他疲惫的身影，他的耳边忽然又响起那首歌：你是不是像我在太阳下低头，流着汗水默默辛苦的工作；你是不是像我就算受了冷漠，也不放弃自己想要的生活……

他是谁？也许现在不名一文，但你又怎知他日后不会成为孙楠、杨坤那样的明星呢？因为成就事业的关键就在于一个坚持。

寻梦的路上无须车马盘缠

其实，在人生这场征程中，即使你没有车马盘缠，没有丰衣足食，即使两手空空没有什么行李，但只要你有梦想，就依然可以义无反顾。因为，梦想就是最宝贵的财富，有了它，就足以抵挡无限的未知与危险的威慑，就足以让我们原本不被看好的人生有千变万化的可能。

他是鞋匠的儿子，生活在社会的最底层。他从小忍受着贫困与饥饿的煎熬以及富家子弟的奚落和嘲笑，但他是个爱做梦的孩子，梦想有朝一日能够通过个人发奋摆脱歧视，成为一个受世人尊重的人。

没有人愿意跟他玩，他一天大部分时间都把自己关在屋里，读书或者给他的玩具娃娃缝衣服，然后等待晚上父亲给他讲《一千零一夜》的故事，或者向父亲倾诉他想成为一名演员或作家的梦想。

他 11 岁时，父亲去世了，他的处境更加艰难。14 岁时，由于生活所迫，母亲要他去当裁缝工学徒。他哭着把他读过的许多出身贫寒的名人的故事讲给她听，哀求母亲允许他去哥本哈根，正因那里有著名的皇家剧院，他的表演天分也许会得到人们的赏识。他说："我梦想能成为一个名人，我知道要想出名就得先吃尽千辛万苦。"

就这样，14 岁的他穿着一身土得掉渣的大人服装离开了故乡。由于家境贫寒，母亲实在筹不出什么东西能够让他带在身上，她唯一能做的就是花 3 个丹麦银元买通赶邮车的马夫，乞求他让儿子搭车前往哥本哈根。母亲看着年幼的儿子两手空空地远行，心痛而愧疚，不由泪水长流。他反倒安慰母亲说："我并不是两手空空啊，我带着我的梦想远行，这才是最最重要的行李。母亲，我会成功的！"就这样，一个 14 岁的穷孩子，两手空空地独自踏上了前往哥本哈根的寻梦之路。

也许上天注定了每个人的梦想之旅不会一帆风顺，他也一样。在哥本哈根，他依然无法摆脱别人的歧视，经常受到许多人的嘲笑，嘲笑他的脸像纸一样苍白，眼睛像青豆般细小，像个小丑。几经周折，他最后在皇家剧院得到了一个扮演侏儒的机会，他的名字第一次被印在了节目单上，望着那些铅印的字母，他兴奋得夜不能寐。

但愉悦是短暂的，他之后扮演的角色无非是男仆、侍童、牧羊人等，他感觉自己成为大演员的期望越来越渺茫。于是，为了成为名人，他开始投身到写作中。他笔耕不辍，两年后，他的第一本小说集出版，但由于他是个无名小卒，书根本卖不出去。他试图把这本书敬献给当时的名人贝尔，却遭到讽刺和拒绝："如果您认为您应当对我有一点儿尊重的话，您只要放下把您的书献给我的想法就够了。"

在哥本哈根，他的梦想之火一次又一次遭遇瓢泼冷水，人们嘲笑他是个“对梦想执着，但时运不济的可怜的鞋匠的儿子”，他一度抑郁甚至想到自杀。但每次在梦想之火濒于熄灭之际，他就会一遍又一遍地告诉自己：我并不是一无所有，至少我还有梦想，有梦，就有成功的期望！

最后，在他来哥本哈根寻梦的第 15 个年头里，在经历过一次次刻骨铭心的失败后，29 岁的他以小说《即兴诗人》一举成名。随后，他出版了一本装帧朴素的小册子《讲给孩子们的童话》，里面有 4 篇童话——《打火匣》《小克劳斯和大克劳斯》《豌豆上的公主》和《小意达的花儿》，奠定了他作为一名世界级童话作家的地位。

他用梦想点燃了自我，用童话征服了世界。也许你已经猜到了，他就是丹麦著名作家安徒生。

成名以后，安徒生受到了王公大臣的欢迎和世人的尊敬，他经常受到国王的邀请并被授予勋章，他最后能够自在地在他们面前读他写的故事，而不用担心受到奚落。但从他的童话中，我们依然能够看到他的影子，他就是《打火匣》里的那个士兵，就是那个能看出皇帝一丝不挂的小男孩，就是那只变成美丽天鹅的丑小鸭……

谁会想到，一个两手空空来繁华都市寻梦的穷孩子，最终会得到人生如此丰硕的回报？之所以如此，正是因为他有梦想，而且是个在困难面前从不轻易熄灭梦想之火的人。

只有那些不向命运低头，敢于带着梦想上路的人，才能够逆转命运的残酷。有些人即便天生一无所有，也能书写出美丽的人生童话，折射出别样的人生光彩；而有些人生来锦衣玉食，车马齐备，但如果只把目标放在人生的享乐上，他的人生也绝不可能丰富到让人去阅读的地步。

让你的梦想，不同凡“想”

梦想和现实总会有距离，所以事实上你的“梦想”可以不必过于“真实”。哪怕有人认为你的想法只是“痴人说梦”，你也大可不必放在心上，毕竟超越了现实的梦想才值得我们用心去追逐，也才能够真正地激发出我们的潜能。

所以一个有人生追求的人，可以把“梦”做得高些。虽然开始时是梦想，但只要不停地做，不轻易放弃，梦想就能成真。就算我们不能登上顶峰，但可以爬上半山腰，这总比待在平地上要好得多。

保罗·乔治出生在加拿大安大略省的一个小镇。他一共有八个兄弟姐妹，家境贫寒，所以15岁就到采石场干活了。但保罗·乔治并不甘心自己的一生就困在采石场中，他常常会利用一些闲暇时间听老人们讲述小镇的历史。从那些交谈中，他了解到了外面的世界与小镇的差距，他决心要到外面闯一闯。18岁那年，他辗转来到多伦多，又从那里到了美国。

在美国的生活非常困苦，有多少次他都想回到家乡，感受家乡的温暖，但每每此时，另一个声音就会在心中响起：“你是要改变命运的！”

在不懈的努力下，20岁时，保罗·乔治获得了石匠资质认证，不久，政府决定在林肯纪念碑上雕刻林肯的“葛底斯堡讲演词”，乔治凭借出色的技艺成功入选。在雕刻林肯讲演词的时候，乔治被林肯的人生经历彻底打动了。他想：林肯早期的命运几乎和自己一样，但他坚信自己会是个出色的人，在一次次的失败以后一次次地站了起来，最后竟然成了最伟大的总统。那么，如果自己决心改变命运，也一定是能够做得到的。

从那一刻起，他心中的信念更坚定了：保罗·乔治一定能够成为更有用的人！他要当律师。乔治过去只在小镇上过几年学，想到华盛顿大学国家法律中心学习，这个事情的难度不言而喻，何况他每天还要做大量的工作。但是，困难并没有削弱乔治改变命运的意志，他一下班就去夜校进修英文，他的工作兜里除了凿子、锤子还时刻都装着课本，他在吃饭的时候都不忘记学习……

苦心人，天不负。保罗·乔治终于考入了华盛顿大学国家法律中心，他在几年的时间里先后获得了法学学士和法学硕士学位。他先是在华盛顿担任律师，工作非常出色，得到了人们的认可，也为自己赚下了第一桶金。后来，他前往纽约开办了一家法律事务所，逐步进入了美国的上流社会。

一个人最终的成就不决定于他的出身，也不受外界环境所主宰，关键是他的想法如何。

远大的理想信念是人生的精神支柱，它使人产生积极进取、奋发向上的力量和顽强拼搏的决心。一个人如果胸无大志，仅仅追求物质的满足，那么他的人生将是不健全、不幸福的。因为幸福生活是物质生活和精神生活的统一。没有精神的愉悦，即使物质生活再充裕，也是痛苦的。

所以如果你是一株小草，那么起码要梦想着自己能点缀绿茵场；如果你是一粒种子，一定要让自己朝着大树生长，如果你是一只蝴蝶，也不妨试试飞向天际。如果现阶段你的所有目标都实现了，那说明你的梦想还远不够远大。

卓越的人生是梦想的产物。可以说，梦想越高，人生就越丰富，达成的成就就越卓绝。相反，梦想越低，人生的可塑性越差。也就是人们常说的：“期望值越高，达成期望的可能性越大。”

苦难的过往，应该让梦想更明朗

一位教师在课堂上做了一个实验。他先用一些小铁圈将一个南瓜箍住，然后问学生：“南瓜长大以后，会出现什么结果呢？”同学们纷纷回答：“南瓜将会破裂。”教师继续问：“你们认为它能够承受住多大的压力？”学生们经过一番议论，最后一致认为，最大限度不会超过 200 千克。

然而，实验第一个月，南瓜已经承受住了 200 千克的压力；到第二个月，这个南瓜已承受了 600 千克的压力；并且当它承受住 800 千克压力时，老教师和学生不得不对铁圈加固，避免南瓜将铁圈撑开。

结果超乎他们的想象——直到南瓜承受了超过 2000 千克的压力时，它才发生了破裂。这个时候他们发现，这个南瓜内部生长了层层牢固的纤维，试图突破围困它的铁圈。南瓜在巨大的“苦难”前选择不断成长，来获得更强大的力量。

当苦难来临之时，也正是我们发挥生命潜力的时刻，就像那个南瓜，承受了极大的苦难和压力，生命反而变得更加坚韧。

只要还在这个世界上活着，每一天、甚至每一秒，我们都要遭遇着不一样的事情，都要见到很多人，无理的、欣喜的，无聊的、有意义的，他们交叉在一起才叫生命。我们都体验过幸福与快乐，也不可避免地要遭遇坎坷，欢乐的时光于我们而言总是那样短暂，而痛苦却让我们感到度日如年，我们很快就会忘记彼时的快乐，却与此时的痛苦纠缠不断，不是不可战胜，而是四肢发冷——我们木然在那些伤痛中，心颤了，胆寒了。

或许你也曾抗争过，只是越发地感觉气力不济，于是最终想到了放弃。显然不曾有人告诉过你，这个世界上只有一条路不能选择，那就是放弃的路，只有一条路不能放弃，那就是成长的路。

有一个黑人男孩，他出生在一个贫寒的家庭。父亲过早地撒手人寰，只留下嗷嗷待哺的他与母亲相依为命。那个可怜的母亲是个只会打零工的女人，她爱自己的孩子，也想给他其他孩子一样的生活，但她确实没有那个能力，她每个月只能拿到不足 30 美元的工钱。

有一次，黑人男孩的班主任让班上的同学们捐钱，男孩觉得自己与其他人没什么差别，他也想有所表现，于是拿着自己捡垃圾换来的三块钱，激动地等待老师叫他的名字。可是，直到最后，老师也没有点他的名字。他大为不解，便向老师去问个究竟，没想到，老师却厉声说道："我们这次募捐正是为了帮助像你这样的穷人，这位同学，如果你爸爸出得起 5 元钱的课外活动费，你就不用领救济金了……"男孩的眼泪瞬间流了下来，他第一次感到那么的屈辱与委屈，打那天以后，男孩再也没有踏进这所学校半步。

三十年弹指一挥间，这位名叫狄克·格里戈的黑人男孩如今已经成了美国著名的节目主持人。每每提及此事时，他总是会说："经由这盆冷水的冲刷，我的梦想将会更加明朗，信念将会更加笃定。"

那么小的孩子，那么大的刺激，这事若换在我们身上，或许阴影便会笼罩一生，或许我们便真的认命了，继续领着救济金，继续过着低人一头的生活。显然，狄克·格里戈的意志力要比我们很多人都强，他应该很清楚，生命是自己的，前程是自己的，幸福也是自己的，并不是随便某个人的几句话、随便的一点什么挫折就可以毁掉，所以他要珍爱自己的生命！他要证明给那些轻贱自己的人看。

而现在的我们所缺少的，也许正是狄克·格里戈那种化刺激为动力的心气儿，挫折改变了两种人的命运——它能够将懦夫拉入万丈深渊，同样也能够成就生命的美丽。而成与败的关键就在于，你是不是能够把它看成是生命的一种常态。

再贫瘠的土地，也有合适的种子

就算是一块再贫瘠的土地，也会有适合它的种子。每个人，在努力而未成功之前，都是在寻找属于自己的种子。当然，你不能期望沙漠中有清新的芙蓉，你也不能奢求水塘里长出仙人掌，但只要找到适合自己的种子，就能结出丰盛的果实。

对于还在寻找种子的人们，道路虽然漫长而又艰辛，虽然看上去很迷茫，虽然荆棘密布、挫折重重，但只要坚信自己的能力，并且有毅力，那么必定会在某一时刻、某一地点找到属于自己的种子。

多年前，山区里有个学习不错的男孩，但他并没能考上大学，被安排在本村的小学当代课老师。由于讲不清数学题，不到一周就被学校辞退了。父亲安慰他说，满肚子的东西，有人倒得出来，有人倒不出来，没有必要为这个伤心，也许有更适合你的事等着你去做。

后来，男孩外出打工。先后做过快递员、市场管理员、销售代表，但都半途而废。然而，每次男孩沮丧地回家时，父亲总是安慰他，从不抱怨。而立之年，男孩凭一点语言天赋，做了聋哑学校的辅导员。后来，他创办了一家自己的残障学校。再后来，他建立了残障人用品连锁店，这时的他，已经是身家千万了。

一天，他问父亲，为什么之前自己连连失败、自己都觉得灰心丧气时，父亲却对自己信心十足。

这位一辈子务农的老人回答的朴素而又简单。他说，一块地，不适合种麦子，可以试试种豆子；如果豆子也长不好的话，可以种瓜果；如果瓜果也不济的话，撒上一些荞麦种子一定能够开花。因为一块地，总会有一种种子适合它，也终会有属于它的一片收成。

每个人来到这个世界上，都有独特之处，都会存在独特的价值。换而言之，每个人都是独一无二的，都是“必有用”之才。只是，也许有时才能藏匿得很深，需要全力去挖掘；有时才能又得不到别人的认可……但我们绝不能因此否定自己，更不能因为生活中的挫折、失败而怀疑自己的能力，因为信心这东西一旦失去，就会给我们的人生造成无法弥补的损失。

所以无论何时，都不要以为别人所拥有的种种幸福是不属于我们的，以为我们是不配拥有的，以为我们不能与那些命好的人相提并论。有人说：自信是成功的一半。是的，它还不是成功的全部，但是如果我们还认识不到它的重要性，那终有一天你会连这一半的机会也失去。

很显然，命运是可以被改写的，自卑是可以被战胜的。战胜自卑的过程，其实就是磨练心志、超越自我的过程。逆境之中，如果我们一味抱怨命运，认为自己是最不幸的那一个，那么自卑的魔咒就永远也无法解除。想要消除自卑，我们首先就要以一种客观、平和的心态看待自己，不要一直盯着自己的短处看，因为越是这样，我们就越会觉得自己一无是处。而只要你不放弃，终有一天会找到适合自己的种子。

/02/ 恰切评估自己，给未来一个正确的期冀

人生需要努力，但是更需要找对自己所努力的方向，我们的追求不能是盲目的。当你发现自己走错方向时，停下你的脚步，再次寻找正确的方向。只有找对自己方向的人，才能将自己的人生写成合理的篇章。

你要做个好梦，别做白日梦

天上的星星固然美丽，但如果我们想要把它摘下来，这显然是不现实的。制定成功的目标，不能凭空想象，也不能好大喜功，不要把某种不切实际的欲望当成要付诸行动的目标。否则，你只会徒劳无功。

看过一篇报道：一个15岁的少年为了实现自己当歌星的“梦”，以割腕自杀为要挟逼迫父母拿钱出来送他去北京学音乐，继而离家出走，最后流落到收容站，彻底中断了学业。

有位邻居，四十几岁的模样，每天日出而歌，日落而息。与那个少年一样，多年以来他的心里始终藏着一个美丽的音乐梦，不同的是，这一路走来，他将自己的梦想融入到了平凡的生活中，在他洗漱完毕

高歌那首《我的太阳》时，在他心里自己俨然就是帕瓦罗蒂。而少年，却已被自己的“梦想”所戕害。

还有一处很大的不同：中年男人的音乐梦只是为歌而歌；而少年，恐怕他的梦想并不在于艺术，而是明星身上那令人炫目的光环、粉丝那山呼海啸的呐喊，以及随之而来的无边名利。

所幸，少年还只是少年，还有机会从黄粱梦中醒来，而又有多少人迷失已久，待迷途知返时，才知道，积重已然难返。

诚然，人往高处走，水往低处流，每个人都希望自己能迅速达到成功的最高峰，这是人之常情，无可厚非。可是理想再高远，如果不是踏踏实实、一步一个脚印地往前迈，那这个理想再美好，也不过是海市蜃楼，只能空想罢了。

从哲学的角度上说，梦想未必需要伟大，更与名利无关，它应该是心灵寄托出的一种美好，人们从中能够得到的，不只是形式上的愉悦，更是灵魂上的满足。

还记得多年前央视曾报道过一个陕北女人的故事。那个30岁的女人很小时就梦想着能够走出大山，像电视中那些职业女子一样去生活。可彼时的她，有疾病缠身的老公要照顾，有咿呀学语的孩子要抚养，这个家需要她来支撑。走出大山的梦，对于一个文化程度不高、家庭负担沉重的山里女人来说，不仅遥不可及，而且也不现实。

十年之后的这个女人，满脸都是骄傲和满足。不过，她并没有走出大山，而是在离村子几十里远的县城做了一名销售员。成为都市白领的梦想，恐怕这一生都无法实现了，但取而代之的却是更贴近生活、更具现实感的圆梦的风景——她终于看到了山外的风景，也终于有了自强自立的平台。

很多时候，我们无法改变所处的客观环境，但可以改变自己，可以变通自己的思维方式和价值观念。只有敢于改变自己，不断接受新的挑战的人，才能从一个成功走向另一个成功，从一个辉煌走向另一个辉煌。有时候，一个人纵然有浩然气魄，却脱离了生活的实际，那么他的梦想也不过就是美梦一场。

梦想就像那高高飞起的风筝，你可以把它放得很高，但不要让它脱离你的掌控，有时还要尽可能地拉回奢望的线，让梦想接点地气，具有踏踏实实的烟火感。这样的人生才更具有生气和活力，这样的梦想才能得到实现的机遇

光喜欢还不够，关键要合适

一个人，有所擅长也必然会有所缺失，没有谁能够十全十美、无所不能，最要紧的是你要有勇气去审视自己的优缺点，对缺点不要百般遮掩，那对你本人没有任何好处，你要么改正它，要么用长处去弥补它。当然更重要的是，你要知道自己的优点是什么。

“马杜罗，你跟我出来一下。”

自习课上，当同学们聚精会神写作业时，马杜罗却趴在课桌上打瞌睡。他跟在迈克老师后面，无精打采地走出了教室。

“你相信石头会开花吗？”老师的手掌里，躺着一枚光滑的鹅卵石。马杜罗不肯开口说话，只摇了摇头。两年前，因为一次偶然的患病，他落下了口吃的毛病；因为担心被别人嘲笑，他变得自卑，很少说话，学习成绩也一落千丈。

老师让马杜罗坐下来，拿出一把小巧的工具刀，埋头开始雕刻。很快，石头的上面，一朵小花栩栩如生。“你看，石头其实是可以开花的，只不过需要你转变一下思路而已。”老师又说：“我知道你一直喜

欢看书，好故事应该与大家一起分享。周末的班会上，我希望能听到你的声音……”

马杜罗告别老师时，心情很复杂。回到家里，他开始认真练习，对着镜子纠正自己的发音，一遍，两遍……周末那天，因为口吃总是躲在角落里的马杜罗，居然主动站到讲台上。虽然他紧张得大汗淋漓，说话也不是特别流畅，大家却送给了他最热烈的掌声。

多年以后，大学毕业的马杜罗，早已改掉了口吃的毛病，成长为俊朗的小伙子。酷爱看书的他，梦想成为一名职业作家，整天躲在租来的房子里写文章。不料，所有投出去的稿子，或者毫无音讯，或者收到退稿信，从来没有一篇能够发表。

那天，马杜罗发现口袋里的钱只能再勉强维持几天的生活了。他怀着沮丧的心情，独自在街头漫步，竟然在街头邂逅了多年不见的迈克老师。与当年不同的是，老师早已经离开课堂，成了一位著名的雕刻家。

当他一口气说出心中的烦恼时，老师微笑着说：“你知道当年我手里那块石头为什么能开花吗？首先，因为我酷爱雕刻，每天所有的业余时间，都用来学习这方面的知识。另外，不管做什么事情，仅有喜欢还不够，更重要的是要适合。就像我，每次将雕刻刀握在手中时，灵感总是如约而至……”

马杜罗倒吸了一口凉气，他想起自己每次写文章时的艰难，那种搜肠刮肚的痛苦，忽然间明白了，自己喜欢文学，却只适合当一名读者，而不是一位作者。

不久，马杜罗就按照街头的广告，跑去一家广告公司应聘。一年后，他又成为一名公交车司机。为人谦虚、热情大方的他，受到同事们的尊敬，被选为行业工会领袖。于是，在工作之余，他又多了一项任务，那就是为争取普通工人的权益而奔波。从此，他慢慢步入了政坛，开始了不一样的人生旅程。

2012年10月10日，尼古拉斯·马杜罗被任命为副总统！这个消息像长了翅膀一样，迅速传遍了委内瑞拉的每个角落。几乎所有熟悉马杜罗的人，都不敢相信自己的耳朵：他真的是当年那个口吃的马杜罗吗？会不会搞错？

记者们蜂拥而至，面对他们连珠炮般的提问，马杜罗从容地反问："你们相信石头会开花吗？我信。"说着，他微笑着伸出手来，掌心里躺着的，正是迈克老师当年赠送的那块鹅卵石，隔了这么长的光阴，刻在上面的花朵，依然那么栩栩如生。

我们生命中的很多东西都是与生俱来，甚至是不可逆转的，就像我们的双脚，脚的大小是无法选择的，那我们就应该选取一双适合自己的鞋，换而言之，我们应该努力去寻找适合自己做的事情，而不是把时间和精力用在不属于自己的地方。

航向有误，就及时调整角度

有一个记者采访一位成功的企业家，当问到他成功的秘诀是什么的时候。企业家说："第一是坚持，第二还是坚持，第三……"记者接过话茬道："第三还是坚持吧？"企业家笑笑说："不，第三是放弃。"

此处企业家清楚地阐述了坚守与调整的关系。"坚守"是坚决守卫，不离开或不改变；为了成功，要坚持不改变。如果没有成功，则是你努力的还不够，需再坚持。如果努力后还未成功，那么就是你努力的方向错了。此时应当改变原来的方向，使其适应客观环境的要求，即调整、放弃错误的目标。

美国著名幽默短篇小说大师马克·吐温曾热衷于投资，但生来不具备经济头脑的他，总是落得一败涂地、血本无归。

马克·吐温的第一次经商活动，是从事打字机研制投资。那时，马克·吐温已经45岁了。在此之前，他靠写文章发了点小财，并有了点名气。一天，一个叫佩吉的人对马克·吐温说："我在从事一项打字机的研究，眼看就要成功了。待产品投放市场后，金钱就会像河水一样流来。现在我只缺最后一笔实验经费，谁敢投资，将来他得到的好处肯定难以计数。"马克·吐温听完，爽快地拿出2000美元，投资研制打字机。

一年过去了，佩吉找到马克·吐温，亲热地对他说："快成功了，只需要最后一笔钱。"马克·吐温二话没说，又把钱给了他。两年过去了，佩吉又拜访了马克·吐温，仍亲热地说："快成功了，只需要最后一笔钱了。"三年、四年、五年……到马克·吐温60岁时，这台打字机还没有研制成功，而马克·吐温被这无底洞吞掉的金钱，已达15万美元之多。

马克·吐温的第二次经商是创办出版公司。马克·吐温50岁的时候，他的名气更大了，他所写的书有不少都成了畅销书。出版商看准这一行情，竞相出版他的作品，因此发财的大有人在。看着自己作品的出版收入大部分落入出版商的腰包，而自己只能拿到其中的1/10，马克·吐温颇有感触。他决心自己当个出版商，出版作品。可是，马克·吐温没有建立和管理出版公司的经验，就连起码的财会知识都不懂，他只好请来30岁的外甥韦伯斯特当公司经理。

马克·吐温自行出版的第一本书是他的小说《哈克贝利·费恩历险记》。它一出版，销路就很好。马克·吐温出版的第二本书是《格兰特将军回忆录》，这本书也成了畅销书，获利64万美元。马克·吐温被这两次偶然的胜利搞得昏昏然，他继续扩大业务，但他万万没有料到，韦伯斯特却在此时卷起铺盖一走了之。出版公司勉强维持了10年，最后在1894年的经济危机中彻底坍塌。马克·吐温为此背上9.4万美元的债务，他的债权人竟有96个之多。

直到这时，穷困潦倒的马克·吐温才认清自己，开始一心致力于写作。此后，他用3年的时间还清了所有债务，并最终成为举世闻名的大文豪。

如果放错了地方，宝物也会变成废物；如果地方放对了，木头也有不可替代的价值。假若你所做的事符合自己的目标，并且符合自己的性格、能够发挥自己的优势，那么，困难对你而言就只是浮云，把自己的梦想坚持下去，你会得到自己想要的。如果说这个目标本身是错的，你却仍要奋力向前，而且意志坚定、态度坚决，那么，由此导致的负面后果，恐怕比没有目标更为可怕。

找到属于自己的价值孵化场

知人者智，自知者明。有些人不了解自己，在选择职业的时候，不知自己想干什么，能干什么，所以常感到手足无措，这是件可怕的事！择业很关键，我们必须尊重自己的性格、爱好、能力……从而做出理智的选择。真的阅读自己，了解自己，扬长避短，才能走在别人的前面，得到发展的机会。

由于受时间资源的限制，人生有限的时间内只能在特定的行业中谋求成功。在选择行业的时候，一定要理解特定的行业对人生的意义，自己可能在特定行业中出任的职务，以及在行业中是否会有所发展。

所有的职业无所谓好坏，关键看是否适合自己。

人们的智能发展总是不平衡的，不要执意在“贫瘠的土地”上耗费精力，而荒废了“肥沃的田野”。

20世纪初德国著名化学家奥斯瓦尔德读中学时，父母为其选择了一条学习文学的道路。孰料老师的评价是：“他很用功，但过分拘泥，这样的人即使有很完美的品德，也无望在文学上有所建树。”父母充分尊重了儿子的选择，让他改学油画，但他既不善于构思，亦不会润色，更缺乏艺术的理解力，成绩在班上倒数第一。老师的评语变得简短而严厉：“你在绘画艺术上是不可造就之才。”父母和奥斯瓦尔德并未气馁，主动到学校征求意见。化学老师见他做事一丝不苟，建议他试学化学。奥斯瓦尔德的智慧火花仿佛一下子被点燃了，这位在文学、绘画艺术上的不可造就之才竟成为公认的在化学方面“前程远大的高材生”。

1909年，奥斯瓦尔德获得诺贝尔化学奖，成为举世瞩目的科学家。

人在不同的领域其价值的实现程度有一定差别，有时这种差别是让人难以想象的。

人的智能发展总是不平衡的，如果执意在“贫瘠的土地”上耗费精力，就会荒废“肥沃的田野”。

所以做任何事情之前，先要了解自己在哪方面能实现最大价值，然后再走进那个领域，去实现这种价值。这样才更有可能与机会不期而遇。

选自己最擅长的事情去努力

但是在现实中，我们依然无法回避一个事实，那就是同样是一个时机，同样是对待一件感兴趣的事情，有的人可能就能够做得很好，但是有的人可能会无法成功。所以，这也就告诉我们，在选择做一件事的时候，特别是对自己的人生成长有着重大影响的事情的时候，我们必须把喜欢和擅长结合起来进行综合性的考虑。因为自己不喜欢的事情是永远做不好的，可是仅仅是喜欢，但不擅长的事情同样也做不好。

歌德在自己二十多岁的时候，一直梦想着自己能够成为一名像达·芬奇那样杰出的画家。为了能够实现这个梦想，歌德曾经一度沉溺于色彩的世界中难以自拔。他为了提高自己的绘画水平，付出了艰辛的努力，可是到头来收效甚微。

一个偶然的机会，歌德到意大利去游览。当看到那些大师的杰出作品之后，他才如梦方醒：以自己在绘画上的才情，即使是花费了自己这一生的精力，也是很难在绘画界有所建树的。

从这以后，歌德就毅然决定放弃绘画，把文学作为自己的主攻方向，最后歌德成功了。

在成功之后，当歌德回顾起自己的成长经历时，总是不忘记告诫那些头脑发热的年轻人，千万不要盲目地相信兴趣，一心只知道跟着感觉走。歌德后来感慨地说道："要真正地发现自己并不容易，我几乎花了半生的光阴。"总有一些事情是自己能够做的、而且也能做出一些成绩，可是相对而言，还有一些事情是你永远都不可能做成的，了解这一点，对于我们的成功是至关重要的。

我们每个人都有自己特有的天赋与专长，从某种意义来讲，我们每一个人都可以称为"天才"。但是往往只有极少数人能够发现自己的天赋，并且把它充分发挥出来，最后他们才获得了真正的成功，也自然而然成为真正的天才。

可是，对于我们大多数人而言，直到白发苍苍也没有发现自己真正适合去做些什么事情。不难想象，每一天，不知道有多少天才带着他们终生的遗憾离开了人间。

那么我们究竟最擅长做什么呢？其实这与每个人的性格、脾气、才情、禀赋都有着直接的关系。我们只要平时留心观察，就不难从自己的生活和工作中找到一些蛛丝马迹，进而找到自己最得心应手的事情。

例如，我们可能解不出一道非常普通的数学题，或者是记不住一个简单的英文单词，但是也许我们在处理事务方面有着知人善任、排忧解难，以及高超的组织能力，这就是一个人擅长做的事情。

发现自己的长处，对于我们选择什么样的道路，选择做什么样的事情具有重要的意义。而且这还可以避免我们盲目地进入一个自己并不适合、并不擅长的领域，或者可以说让我们没必要在一个不具备任何优势的位置上浪费太多的时间。

如果尽力无功，就见异思迁

如果有些东西费尽心思也得不到，就没有强求的必要，如果有些事情用尽全力也不能圆满，放弃也不会是遗憾。坚持固然重要，但面对没有结果的事情，我们不必抱残守缺，放弃眼前的残局，也许就会出现一条新的道路，而这条新路很可能就通向成功的大门。

翟云大学毕业以后，跟所有求职者一样，向许多公司投递出自己的简历。在校期间，翟云是一名品学兼优的学生，可是几百份简历投出去以后，却如泥牛入海，杳无音信。

焦急地等待了两个月，终于有一个机会出现在翟云面前——一家网吧招聘管理员，月工资2000元，一天要工作12个小时。虽然待遇不高，工作辛苦，但是翟云非常开心，毕竟这是自己的第一份工作，她尽心尽力地做着。然而，仅仅过了一周，老板就给她结清工资，让她另谋高就了，原因是她的“腿脚不好”。

翟云患有先天性小脑偏瘫，还得过小儿麻痹，所以走起路来一跛一跛的。虽然她的专业技术良好，而且工作时比别人都卖力气，可是仍得不到同等的待遇。翟云也曾迷茫过：难道自己这么多年的勤学苦读、孜孜不倦，都没有丝毫的意义么？

然而，从小受尽嘲讽和白眼的她有着异常顽强的个性。

“既然做不了好员工，那就做个好老板吧！”翟云决定换条路走走看。下定决心，她将这个想法告诉了妈妈，妈妈虽然担心她自己创业艰难，但不忍心打击她，就拿出了自己的私房钱——10000 元交给了她。就这样，翟云在社区里租房开店，取名为“腾云电脑”。

创业之初，翟云的客户少得可怜，难以维持生计。她想尽办法，利用一切机会宣传，将自己店铺的介绍夹到报纸里传送。艰难地度过了几个月之后，越来越多的人知道了她的电脑维修店，了解到她专业技术好，维修认真，而且收费低廉。口口相传，大家纷纷介绍客户给她。技术和信誉让她的生意越来越好，翟云又趁势在本市开了几家连锁店，雇用了几名员工。后来她发现电脑知识正在普及，于是办起了电脑培训班，真正走上了创业致富的路子。

有人问她：“一个残疾人，怎么有胆量自己开店？”她说：“一开始我只想找一份工作，做一名好员工，但是当发现这条路实现不了的时候，我就换了个角度想问题，决定换条路走走看，谁知道，做着做着就做得有模有样了。”

此路不通就绕行，给自己新的机会，让自己找到展示能力的平台，就会获得成功。

不切实际的固执带给人的只能是失败，而不是成功的幸福。为了事业的成功，或者人生的成功，勇往直前，这本来是件好事，然而一旦走错了路，又不听别人的劝告，不肯悔改，结果就会与自己的奋斗目标相距越来越远。

别总要求自己一步登天

谁都想一步登天，但不是所有人都具备那样的条件，如果在通往罗马的路上，你缺少足够的盘缠，搭不上华贵的车马，那么就只能靠着自己的双脚踏实地走下去。如果你不愿这般寒酸，一直在那里好高骛远，没有香车宝马就不肯举步，那么你可能就只能一直停在原点。

其实成功与我们的距离并不遥远，只要肯静下心来做好手边的事，一步步走，总会走出条路来。

在毕业 20 周年之际，南京的同学组织了一场同学联谊会。

联谊会上，大家把一直还住在乡间的原班主任用专车接了过来。老人已年过古稀，头发全白了，手脚都已不便。同学们仿照原来教室的模样布置了聚会的会场，要求各位同学按 20 年前的座次坐好，将老师请到讲台前。

轮到同学座谈了。大家讲话中都先感谢老师的栽培。班主任听了也不说话，直到临近结束，才站了起来，说："今天我来收作业了。有谁还记得毕业前的最后一节课吗？"

那天是个晴天，班主任把大家带到操场上，说："这是最后一节课了。我布置一个作业，说易不易，说难不难。请大家绕着 400 米跑道跑两圈儿，并记下跑的时间、速度以及感受。"说完便走了。

20 年后老师说话了："我离开操场后，在教室走廊上观看了同学们作业的完成情况。现在，20 年后的今天，我对作业讲评一下。跑完两圈儿的有 4 人，时间在 15 分 20 秒之内。1 人扭伤了脚，1 人因为跑得太快摔了跤，有 23 人跑过 1 圈儿后觉得无趣，退出后在跑道外聊天儿。其余的嫌事小，没有起步。”

大家惊异于老师记得如此清楚，仿佛一下子看到了老师昔日的风采，纷纷鼓掌。掌声落下，老师继续说：“我就这次作业，并结合七十余年人生体验，送给各位四句话：其一，成功只垂青有准备的人；其二，身边的小蘑菇不捡的人，捡不到大蘑菇；其三，跑得快，还需跑得稳；其四，有了起点并不意味就有了终点。你们现在都是 36 岁左右的年纪，又处在世纪之交，尚不是对老师说感谢的时候。请多说说自己的人生作业。”

教室里顿时鸦雀无声。

人们常常抱怨命运的不公，常常感叹世道的不平，并总是在幻想着成功之花在一夜之间绽放，然而天下哪有免费的午餐，要成功就得付出努力，即使如跑跑步这么简单的事。

成功也没有别的捷径，只能是脚踏实地，一环扣一环地前进，也就是人们经常说的“一步一个脚印”。再精巧的木匠也造不出没有根基的空中楼阁，任何伟大的事业也都是由无数具体的、微小的、平凡的工作积累的，不愿意干平凡工作的人很难成大事，世间没有突然的成功，成功的诀窍就是脚踏实地、实实在在地做事。

当你好高骛远，就要迷途知返

生活中，我们都有这样的经验，当你站在沙堆上，无论你怎样用力，都没有在结实路面上跳得高、跳得远。其实，人生亦是如此，如果你好高骛远，不能脚踏实地，就无法为自己打下坚实的基础。

任芳芳大学毕业后，被分配到一家电影制片厂担任影片剪辑助理。这本来是一个人在影视界寻求发展的起点，但在10个月后，她却离开了这个岗位，辞职了。

她认为自己这样做的理由很充分：堂堂一个大学毕业生，受过多年的高等教育，却在干一个小学毕业生都能干的事情，把宝贵时光耗费在贴标签、编号、跑腿、保持影片整洁等琐事上面。这怎能不使她感到委屈呢？她有一种上当受骗的感觉，更有一种对不起自己的感觉。

几年后，当任芳芳看到电视上打出的演职员表名单时，竟然发现以前的同事，有的现在已经成为著名的导演，有的已经成为制作人。此时，她的心中颇有点不是滋味。

任芳芳原来并未看到平凡岗位上的不平凡意义，所以她的辞职行动，是自己关闭了在影视界闯出一番事业的大门。

如果谁好高骛远，谁就在人生操作上犯了一个大错误。不要以为可以不经过程而直奔终点，不从卑俗而直达高雅，舍弃细小而直达广大，跳过近前而直达远方。心性高傲、目标远大固然不错，但有了目标，还要为实现目标付出努力，如果你只空怀大志，而不愿为理想的实现付出辛勤劳动，那“理想”永远只能是空中楼阁，是一文不值的东西。

一个人的能力，尤其是专业知识、工作规划以及处理问题的能力，都不是三两天可以培养起来的。也许你一开始的地位低下，能力也不强，但只要你能脚踏实地、勤勤恳恳地工作，你的各方面能力必然会很快得以提高。

多年前，英国蒙特瑞综合医科学校的学生威廉斯勒，对自己人生中的问题感到很困惑。他不明白应该怎么处理远大的理想和具体的身边小事，一个人应该有什么样的做事态度才能成功。他渴望成功，但对手边的小事又觉得没有什么意义。他甚至以为现在的学校生活枯燥乏味，没什么值得去用心的。因而他的成绩也每况愈下。他找他的老师探讨这些困难的人生问题。他的老师推荐他阅读哲学家卡莱里写的一本哲学启蒙读物。老师说，他的书里或许有答案帮助你解决问题。

威廉斯勒是一个意志很坚定的青年，他一向不崇拜大人物，更不相信所谓的名人名言，对许多问题一向有自己的独到见解。但既然是老师推荐的，他想或许真的有用，于是拿过书漫不经心地浏览起来。

突然间，书中的一句话让他眼前一亮："最重要的，就是不要去看远方模糊的东西，而是要做手边最具体的事情。"他恍然大悟，是啊，不论多么远大的理想，都需要一步步去实现啊！不论多么浩大的工程，都需要一砖一瓦垒起来啊！

他想明白了，他的困惑解决了，他终于找到了人生的答案。他知道，那些远大的理想，应该让它们高悬在未来的天空里，最紧要的，是把自己手边的每一件具体的事情做好。

也就是从那一天开始，年轻的威廉斯勒开始埋头读书，因为他知道这是他目前最紧要的事情，他要把自己的成绩提高上去。半个学期以后，威廉斯勒就一跃成为整个学校最优秀的学生。

两年以后，威廉斯勒以全校最优异的成绩毕业。毕业后他来到一家医院做医生，他认真对待每一位患者，对每一次出诊都一丝不苟。兢兢业业的态度和精益求精的精神，使他很快成为当地的名医。

几年以后，他创办了约翰·霍普金斯学院。他把自己的人生态度贯彻到每一个细节里。许多专家学者慕名来到他的学院工作，使他的学院很快成为英国乃至世界最知名的医学院。

事实上，翻开那些大人物的传记你就会发现，他们都是十分务实的人，他们有远大的人生目标，但一定是切合实际的，并且也不会让自己陷入空想。这是非常值得我们学习的。我们无论做什么事，都要让自己脚踏实地、全力以赴，这样，我们会越发能干，同时我们的心智也会成长，就可以追求更大的成功。

唯有水到，才能渠成

在对目标追求的过程中，我们常会犯下“大多数人”的错误。我们壮志满怀、激情澎湃，却往往忽略了目标现阶段的可行性，最终只是徒费精力，事倍而功半。

捷克有一位名叫齐克的年轻人，他在18岁时，已与同伴一起登上了堪称“欧洲第一高峰”的“勃朗峰”。此后，他们毫不停歇，先后登上9座海拔在4000米以上的欧洲高峰。此时，欧洲已经不能满足他们的攀登欲望，于是，这群小伙子将目标锁定在了世界第一高峰——珠穆朗玛峰之上。

攀登珠穆朗玛峰要走很多程序，首先要有签证，其次还要到相关部门申请批文，而且审核人员对登山运动员的条件要求也相当“苛刻”。于是，齐克只得向自己的父亲——一位国际登山者协会的常务理事求助。他在信中对父亲说道：“身为一名登山运动员，若没有征服珠穆朗玛峰，就永远不能说是成功。”

不久，父亲即回信给齐克，他在信中讲述了“贝纳尔巧答卢浮宫失火竞猜题”的故事。看着父亲的回信，齐克沉思良久，他体会到了父亲的良苦用心。父亲是想提醒他——获得成功的最佳目标，不一定是最有价值的那个，而是最容易实现的那个。

在经过理智、客观的分析以后，齐克不得不承认，以他们现在的装备和素质要去征服珠峰，确实是激情大于实力，失望大于希望。既如此，与其徒劳无功，不如脚踏实地地从最容易实现的目标开始。于是，齐克对其他三名队友说道："一口气吞不下个胖子，现在我们不一定非要一步登天，不如先尝试征服乞力马扎罗山。"

对此，三个队友嗤之以鼻，他们鄙视齐克，认为他是"胆小鬼""鼠目寸光""胸无大志"。结果，大家始终未能达成共识，最终不欢而散、各奔东西。

在此后几年的时间里，齐克一直谨遵父亲教导，以自身实力为标准，从最容易实现的目标开始。他先后登上了海拔5895米及6893米的乞力马扎罗山和盐泉山，凭借不俗的成绩，被国际登山者协会吸纳为理事会员，并受到捷克国家登山队邀请，担任副教练一职。

2008年初，齐克再一次刷新了自己的成绩，他在不配备后援人员的情况下，成功征服了世界第七高峰——海拔8172米的道拉吉里峰。

回到家中以后，齐克拿起放在桌上的报纸，报纸上大幅刊载着有关他此次登山的图文报道。齐克对此早已司空见惯，但是《捷克探险报》上的一则消息却令他顿时呆若木鸡——"在齐克征服道拉吉里峰的同时，另三名登山队员，在珠穆朗玛峰海拔8300米处失足坠崖，不幸罹难，他们的名字是……"他们，正是齐克以前的三名队友……

2008年6月，齐克迎来了他实现梦想的日子，他来到珠穆朗玛峰脚下，凭借多年来积累的娴熟技巧及丰富经验，一步步攀到了海拔8844.43米处。站在珠峰之上，齐克感慨万千，此时他不禁想起了葬身峰底的队友——他一度是他们眼中的"胆小鬼"，是"鼠目寸光"、"胸无大志"的人，但今天，他却站在了他们所未能达到的高度上。

我们完全没有必要也不应该在一开始就去追求目标价值的最大化，从最易实现的目标做起，由浅入深，一路探索、一路攀登、一路追逐，那么总有一天你会达到自己心目中的高度。这时你就会明白，唯有顺理才能成章，只有水到才能渠成。

/03/ 努力不是为了名声，是为了时光流逝后的心安

世界上唯一可以不劳而获的，是贫穷，唯一可以无中生有的，是梦想。人生需要不断前行，才能领略不同的风景。如果你真的愿意去努力，不竭余力地努力，你人生最坏的结果，也不过是大器晚成。

做人，总要活得有些价值

有些人活着，他已经死了，有些人死了，他还活着，生命的意义不在于你在这个世界上停留多久，而是要看你在有限的时间内为这个世界、为自己创造了多少价值。

正如俞敏洪老师所说的那样，我们活着，可以有两种活法：一种像草，尽管活着，尽管每年还在成长，但毕竟就是棵草，吸收了阳光雨露，却一直长不大。谁都可以踩你，但他们不会因为你的痛苦而产生痛苦；他们不会因为你被踩了，而怜悯你，因为人们本身就没有看到你；另一种活法像树，即便我们现在什么都不是，但只要你有树的种子，即使你被踩到泥土中，你依然能够吸收泥土的养分，自己成长起来。当你长成参天大树以后，遥远的地方，人们就能看到你；走近

你，你能给人一片绿色。活着是美丽的风景，死了依然是栋梁之才，活着死了都有用。这才是我们做人和成长的标准。

尽管现在的生活可能并不如意，但你必须要求自己活出个样子，不光是为了自己，也是为了给别人看的。人，可以被剥夺很多东西，甚至是生命，但谁也不能剥夺你的尊严，更无法剥夺你的自由——不管在什么情况下，你都可以选择自己的态度和方式。

谭盾当年远赴哥伦比亚求学时，境况很不好，他那时真的挺穷。来到异国他乡，为了生存下去，谭盾只能靠卖艺求生计。在那个时候，他结识了一位黑人琴师，两个人同心协力占据一块地盘——一家商业银行的门口。

赚到一些钱以后，谭盾决定离开黑人琴师，投向自己向往已久的艺术殿堂——哥伦比亚大学。在这里，他师从大卫·多夫斯基以及周文中先生，潜心学习音乐。身在学府，当然不能像街头求生时那样卖艺赚钱，谭盾的生活逐渐拮据起来。然而，他再也没有回到市井之中，因为他的心已经超越了物质，融入了艺术。

后来，在师友的帮助下，谭盾在美国成功举办了个人作品音乐会，成为第一位在美国举办个人音乐会的中国音乐家；第二年，他以一曲《九歌》闯入国际音乐殿堂，并不断推陈出新，凭借令人赞叹的音乐作品，逐步奠定了自己“国际著名作曲家”的地位。

谭盾成名以后，一次，他偶然路过自己曾经卖艺的地方，竟发现那位黑人琴师依然还在！转眼间十年了，黑人琴师的脸上还是写满了满足。谭盾走上前去和他交谈起来，琴师问起谭盾现在的工作地点，他简单回答了一家非常有名的音乐厅，没想到对方却说：“那个地方也不错，能赚到不少钱。”黑人琴师怎么会知道，如今的谭盾早已成了享誉全球的大作曲家。

你内在的动力，决定你生命的成色。黑人琴师之所以一直没能改变生活的境况，之所以只能在社会舞台上扮演无足轻重的微小角色，就因为他和那些懒惰闲散的人、好逸恶劳的人、平庸无奇的人一样，缺乏内在的动力。

我们的人生应该像河流一样，虽然生命曲线各不相同，但每一条河流都有自己的梦想——那就是奔腾入海。只是很多人不做河流，反而去做那泥沙，让自己慢慢地沉淀下去。是的，沉淀下去，或许你就不用再为前进而努力了，但是从此以后你却再也不见天日。

所以不论你现在的生命是怎样，你一定要要求自己活出个样子，要有水的精神，像水一样不断地积蓄自己的力量，不断地冲破障碍。当你发现时机不到时，就把自己的厚度给积累起来，当有一天时机到来，你就能够奔腾入海，成就自己的生命。

你能不能活出个样子，是给别人看的，更是给自己看的，而恰恰，给自己看的这一部分才最真实。你只有自己觉得活得有价值，活得够幸福，那才是真正的幸福。

别让心满意足毁了你

“一天三顿饱，老婆孩子热炕头”的人，觉得一辈子捧着“铁饭碗”的人，永远没有赚钱的机会，“够用就行，要那么多钱干嘛”这句话是那些不会乃至赚不到钱的人聊以自慰的借口罢了。

这些平庸的行为源于思想的苍白无力，思想的贫乏则归根于所见之狭隘。人生无常，没有永远不变的事物，守着固有的观念，则永远无法突破自我，臻于完美。就生命的意义及生活目标的实现程度而言，平庸就是失败，甚至比失败更可怕，只是大多数人并没有意识到这种糟糕的状况。

有这样一位朋友，他在20世纪80年代末随单位来到深圳参加黄田国际机场的建设工作。改革开放后的特区给了他接触新世界的机会，然而由于当时头脑里的固化观念，他拒绝了某公司承诺的“年薪8万元”的邀请，在黄田机场完工后随单位离开深圳，到了广东梅州市一个山区县做水库工程。在县城里开了一个工程机械配件经营部，生意还不错。1995年，工程结束，他放弃了配件经营部，又随单位回到哈尔滨。至今已经近二十年了。

在一般人看来，他的生活还不错，衣食无缺，旱涝保收，但他却对自己二十年前的选择懊悔不已。他说：“由于我当时没有对自己做出正确的判断，没有对生活做出正确的判断，没有对身处的社会做出正确的判断，所以今天当我在面对岗位竞争危机时、当我为子女购房花光所有积蓄时、当单位有十数辆小轿车而我没有乘坐资格时，我才知道：原来是过去错误的想法决定了我现在糟糕的状况。现在，我就快退休了，可能有人觉得退休以后就可以享清福了，但退休以后我要面对的是什么呢？是百无聊赖的生活，是疲惫不堪的身体，是勉强可以度日的退休金，甚至家中出现一点变故，我都有可能捉襟见肘。如果可以给我一次重新选择的机会，我想我能做出正确的选择，但生命就这一次，回不到从前了。”

夕阳无限好，只是近黄昏！我们未来的状况取决于现在的想法。如果有人还抱着这位朋友二十年前的观念不放，那么可以预见，他的未来肯定就是这样百无聊赖的，甚至是老无所依的。生活要求我们必须做出改变！改变的第一步，就是放大你的追求。所有伟大的事业都起源于伟大的追求，所有伟大的成功者同时都是伟大的追求者。追求是一切成就的起点，是整个人类发展进步的起点。追求可以超越目前的现实，许多最初不被看好甚至被冠以荒诞之名的追求，在今天都已经成为了生活中的实际，成为后人更大的追求基础。拥有伟大追求的人，就拥有了极强大的力量，梦想的实现就不可阻挡。

在自己的心里放上一座山

有人问英国登山家马洛里：“为什么要攀登世界最高峰。”他回答：“因山就在那里。”其实，每个人心里都应该有一座山，去攀登这座山，有时纯粹只是精神上的一种体验。为了这种体验，可能要体会常人所不能想象的苦，结局也未必美好，可因为拥有了过程，就此生无憾了！至少它可以证明，我们曾经年轻过。

他在农村长大，从小钟爱唱歌。初中毕业后，他开始学吉他，渐渐在当地小有名气。音乐就是他的全部，当他全力去追逐梦想时，却被乡亲们看作不务正业。就连父母也反对，劝他脚踏实地，早点成家，安心过日子。但是，梦想的召唤，让他无法平静。他瞒着父母，从家里跑出来，到了陌生的北京。

最后找到后海，没见到大海，到处都是酒吧。他无比兴奋，满怀期望，一家家去问，要不要歌手，无一例外被拒绝。他乡音太重，没人相信他能唱好歌。走了大半夜，脚抬不动了，得找个地方过夜。他身上只带了几十元钱，别说住店，吃饭都成问题。他抱着吉他，在地下人行通道里睡了一夜。

第二天，他继续找工作。幸运的是，一家酒吧答应让他试唱。露宿了两夜，他总算找到安身之所：两间平房中间有条巷子，上方搭了个盖，就是一间房。房间不足两平方米，能容下一张床，进门就上床，伸手就能摸到屋顶。头顶上方是个鸽子窝，鸽子起飞时，飞舞的羽毛从窗外飘进来，绝无半点诗意。虽然简陋，好歹能遮风挡雨，最主要的是便宜，才 200 元钱一个月。他告诉房东，我给你 100 元，住半个月。身上没钱，即使这 100 元，他还得赊欠。

不久后，他发现自己并不适合酒吧。为了让更多人分享自己的音乐，他决定放弃酒吧，去街头献唱。选好地方，第一次去，他连吉他都没敢拿出来就做了逃兵。他脸皮太薄，连续三天都张不开嘴。第四天，他喝了几两白酒壮胆，最后唱出来了。清澈的嗓音，伴着悠扬的琴声，仿佛山涧清泉流淌，无数人被他的歌声打动，驻足流连。他的歌被传到网上，他的歌迷越来越多。这个叫阿军的流浪歌手，渐渐为人所知，大家都叫他“中关村男孩”。

他离梦想似乎更近了，可有多少人了解他背后的艰辛？没有稳定的收入，他只能住地下室；没有暖气，冬天跟住在冰窖里差不多；为了省电费，只能用冷水洗头；不穿浅色衣服，伙食定量，十元钱大米吃一个星期，两顿饭一棵大葱，三天一包榨菜。每次家人打来电话，他总是说在酒吧唱歌，住员工宿舍，整洁卫生，还有暖气。他学习并领悟了心安理得地说谎，再苦也不想回家。梦想那么大，只有北京才装得下。

其实，他完全能够不用受这份苦。家里的条件不是太差，有新房子，有深爱他的兄弟姐妹，父母都期望他早日成家。他能够像身边的同龄人一样，在老家找一份简单的工作，安安稳稳地过一辈子。但是，心里总有一个声音在呼唤，梦想让他无法抗拒。他说：“我还年轻，如果不出来闯一闯，一辈子都不得安宁。”

在这个世界上，还有许多像阿军一样的人，他们走得很急，发奋地追逐着自己的梦想。有的人可能会给这个世界留下些什么，有的人可能只能成为过客，但都没有关系，如果你定下一个高层次的目标，就算失败了，你的失败也在很多低层次的人的所谓成功之上。

登山者之所以能够征服高山，是因为他的心就有那样一个高度；航海者之所以能够征服海洋，是因为他的心就有那样一个广度。每个人心中都应该有一座山、一片海，这山、这海，其实就是个盼头，活着，就得有个盼头。世界上多少伟大的事业就是靠着这个盼头所产生的力量而成就的。

游戏人生者必然追悔莫及

谁要游戏人生，他就一事无成，谁不能主宰自己，他就永远是一个奴隶。

游戏人生，只会令自己变得轻率、无坚持，最终自己所做的一切都会化为泡影，自己也就一无所获。不能主宰自己，那就会沦为欲望的奴隶，最终只会在频繁的追逐中迷失自我，沉沦堕落！

游戏人生，必然被人生游戏。不能主宰自己，必然被别人主宰。

马儿听说唐僧要去西天取经，立刻追随而去，经过九九八十一难，取回真经。回来后，马的好朋友驴问它：“你走了那么远的路，是不是很辛苦啊？”马回答：“其实，在我去西天这段时间，你走的路一点都不比我少！而且还被蒙住眼睛，被人抽打。其实，我是怕混日子更累！”

想法决定活法，毛驴对自己的驴生没有想法，所以它只能围着磨盘转，被人蒙着眼睛，一辈子都在转圈圈，可是它的付出却一点也不少。

人生的困顿，来自于内心的无知与迷茫。很多人混日子，结果自己被日子混了。时间都是一样的过，不同的态度，结果完全不同。

黄飞大学毕业以后进入一家国企做文职工作。最初的那段时间，他拼劲十足，任劳任怨，不论是写发言稿、做总结、上报材料还是跑腿打杂，甚至是给领导安排饭店、随行出差，他都做得尽心尽力。

黄飞自己都记不清有多少次，为了赶发言稿或者报告，大家都下班了，他还在办公室加班加点，困了就在办公室的沙发上眯一会儿。这样热情饱满地工作一年之后，黄飞开始懈怠了，原因是他的努力并没有为自己博来一官半职。从这以后，黄飞每天机械地上班下班，没有梦想，也没有追求，彻彻底底的开始混日子了。在他看来，反正无论自己多么努力，领导都不以为是，那么，累死累活也是活，混一天也是活，工资又不会少，何苦让自己那么辛苦呢?

的确，黄飞的工作变得越来越轻松了。然而仅仅又过了一年，公司精简机制，没有任何背景又整天混日子的黄飞第一个被请走了。

一个玩世不恭的人，只知享乐，打发无聊的日子，让大好的时光都白白地流逝，他没有创造，他就没有真正的享受，有的只是挑剔的生活，对他来说没有一样能真正给他带来快乐的东西，因为不是他创造的。

一个不能主宰自己的人，他不会感恩，而是挑剔。因为他一直活在别人的影子里，就算是别人的给予，也不会给他带来真正的快乐，所以他的生活格外的无聊、自私、狭隘，天对不起他，地对不起他，人对不起他，任何事物对他来说都是那么不完美。

他因着自己的懒惰和软弱而失去很多，同样也是因虚度人生，最终会带着不满足离开这个世界。

走出去，去寻找属于你的天地

谁无所事事地度过今天，就等于放弃了明天，懒汉永远不可能获得成功，没有机遇只是失败者不能成功的借口。

当你眼巴巴地看着别人的幸福羡慕嫉妒时，当你因为没有财富而落魄痛苦时，你一定也曾在心里为自己描绘过一些美丽的画面，可是为什么没能去实现？也许就是那么一会儿工夫，你觉得前面的路实在难走，你害怕了，你的心劲又散了，你又走回了老路。

其实人生说易不易说难不难，这世界比你想象中更加宽阔，你的人生不会没有出口，走出蚁居的小窝，你会发现自己有一双翅膀，不必经过任何人的同意就能飞。

多年前，英国一座偏远的小镇上住着一位远近闻名的富商，富商有个 19 岁的儿子叫希尔。

一天晚餐后，希尔欣赏着深秋美妙的月色。突然，他看见窗外的街灯下站着一个和他年龄相仿的青年，那青年身着一件破旧的外套，消瘦的身材显得很羸弱。

他走下楼去，问那青年为何长时间地站在这里。

青年满怀忧郁地对希尔说："我有一个梦想，就是自己能拥有一座宁静的公寓，晚饭后能站在窗前欣赏美妙的月色。可是这些对我来说简直太遥远了。"

希尔说："那么请你告诉我，离你最近的梦想是什么？"

"我现在的梦想，就是能够躺在一张宽敞的床上舒服地睡上一觉。"

希尔拍了拍他的肩膀说：“朋友，今天晚上我可以让你梦想成真。”

于是，希尔领着他走进了富丽堂皇的别墅。然后将他带到自己的房间，指着那张豪华的软床说：“这是我的卧室，睡在这儿，保证像天堂一样舒适。”

第二天清晨，希尔早早就起床了。他轻轻推开自己卧室的门，却发现床上的一切都整整齐齐，分明没有人睡过。希尔疑惑地走到花园里。他发现，那个青年人正躺在花园的一条长椅上甜甜地睡着。

希尔叫醒了他，不解地问：“你为什么睡在这里？”

青年笑笑说：“你给我这些已经足够了，谢谢……”说完，青年头也不回地走了。

20年后的一天，希尔突然收到一份精美的请柬，一位自称“20年前的朋友”的绅士邀请他参加一个湖边度假村的落成庆典。

在这里，他不仅领略了眼前典雅的建筑，也见到了众多社会名流。接着，他看到了即兴发言的庄园主。

“今天，我首先感谢的就是在我成功的路上，第一个帮助我的人。他就是我20年前的朋友——希尔……”说着，他在众多人的掌声中，径直走到希尔面前，并紧紧地拥抱他。

此时，希尔才恍然大悟。眼前这位名声显赫的大亨欧文，原来就是20年前那位贫困的青年。

酒会上，那位名叫欧文的“青年”对希尔说：“当你把我带进寝室的时候，我真不敢相信梦想就在眼前。那一瞬间，我突然明白，那张床不属于我，这样得来的梦想是短暂的。我应该远离它，我要把自己的梦想交给自己，去寻找真正属于我的那张床！现在我终于找到了。由此可见，人格与尊严是自己干出来的，空想只会通向平庸，而绝不是成功。”

理想不是想象，成功最害怕空想。很多人想法颇多，但大多只是空想，他们年复一年地勾画着自己的梦想，但直至老去，依然一事无成。这是很可怕的。所以说，若想做成一件事，就要先入局。在实践中充实自己、展现自己的才能，将该做的事情做好，证明自身的价值，如此你才能得到别人的认可。

所以，不要停下追逐梦想的脚步，有了蓝天的呼唤，就别让奋飞的翅膀在安逸中退化；有了大海的呼唤，就别让拼搏的勇气在风浪前却步；有了远方的呼唤，就不能让远行的信念在苦闷中消沉。而一旦你停下，再大的梦想也不可能实现。去寻找吧，寻找人生的意义，只要你肯相信，肯追寻，就会有奇迹！

最大的遗憾，是没有尽力

叶子黄了，有再绿的时候；花儿谢了，有再开的时候；鸟儿飞走了，有再飞回来的时候；而生命停止了，却无法再挽回。时间的流逝永不停止，它一步一程，永不回头。时间，它是人们生命中的匆匆过客，往往在我们不知不觉中，便悄然而去，不留下一丝痕迹。人们常常在它逝去以后，才渐渐发觉，留给自己的时间已经所剩无几。也正是如此，才有了古人一声叹息：少壮不努力，老大徒伤悲。

少壮不努力，老大徒悲！——也许今天的你，还不能深切体会其中的道理。当有一天，你因为年少时的懒惰而四处碰壁，你自然就会摇头叹息、追悔莫及，然而，那个时候已太晚了，因为已经失去了难得的机会。

燕儿最近很难过，觉得好多不顺心的事儿都凑到了一起。

找工作时，面试官要求英文面试，自己口语向来不佳，毫无意外地被淘汰出局。自己的男友居然看上了一个身材火辣的女生，拂袖而去。而自己的好姐妹们，最近好久都没联系了，对自己的态度也是冷冰冰的。

燕儿觉得自己做人失败极了。她开始认真地反省。这才发现：当年学习英语羞于出口，考试不必考口语，因此也没有认真地去练习这一块，考上大学后，更是觉得这一块可以放松了，不必理会，就是这样的心态让自己与喜欢的工作失之交臂；对于男友，自己也是抱着“反正有人要”的心态，懒得去打扮自己，也不愿意下决心减肥，时日一长，把自己弄得一团糟，男友自然很快劈腿。那些姐妹们，自己有多久没有尝试着去融入她们的小圈子了？因为她们总是追求一些新潮的东西，她们都在与时俱进，而自己嫌麻烦无趣，浪费精力，因此很少加入其中，逐渐成为边缘人也是理所当然。

这样的无奈生活中时常遇到，就像燕儿那样，上学时觉得英文难，不愿努力去学，到 20 几岁遇到一个待遇很好但要求精通英文的工作，也只能眼睁睁地与它失之交臂；小时候觉得学游泳难，放弃学习的机会，到 20 岁遇到一个你喜欢的人约你去游泳，也只能望洋兴叹了……只是，很多时候，这样的无奈只是生活中的一个小插曲，并未引起我们的思考，然而，真到了某一天，当一个人生重大转机摆在面前而我们却又无能为力时，我们才会开始悔恨当初自己的不尽力，然而，这又有何用呢？

青年阶段，是人生最美好的时光，在此期间，一个人的精神和身体状态正处于高峰期，正是刻苦学习，补充新知识，接受世界变化和发展的黄金时期。这个时候，越嫌麻烦，越懒得学，越不愿意付出，日后就越有可能错过让你动心的人和事，错过新风景。相反，如果从一开始就知道打理自己，坚持克服难题，今后的境遇，或许就又是另一番景象了。事实上，面对时间的流逝，每个人都在对自己的人生做出选择：寻欢作乐、无所作为、游戏人生是选择；孜孜不倦、争分夺秒、埋头苦干也是选择。不同的选择会把我们导向不同的生活之路，使人生呈现出不同的色彩与价值。所以，别贪图一时之欢乐，那样的话你将遗憾终生，俗话说：“今天你笑，明天就哭；今天你哭，明天就笑。”努力拼搏虽然会让人感到些许痛苦，但因为懦弱和懒惰而留下的遗憾，却不会再有弥补的机会。

混日子很简单，一分一秒就能做到，而想要生活得好一点，想要生命更有价值，就得以努力为铺垫。所以，别再为自己的不努力找理由了，这只会让你越来越甘于平庸。你不知道，在你为一件事情找理由、想懈怠时，很多聪明又努力的人已经在想办法去解决了，这样的话，你很快就会被他们远远地甩在身后。

越持久的梦想越容易成为现实

成功者最初所拥有的也只是梦想，以及毫无根据的自信而已。但是，所有的一切就从这里出发。

一个不抛弃梦想的人，魔鬼也许可以阻挡他实现梦想的脚步，却无法阻挡他梦想成真！有着普通头脑的人，高高地仰起头，在生活中满怀热情和信心，从不停止追求自己的梦想，这是最了不起的。

出生在河南农村的门焕新打小就喜欢写写画画，不过父母对他的爱好并不认可，他们坚持认为只有好好学习将来才会有出息，只有做教师的舅舅给予了他极大的支持。门焕新的舅舅也是一位书画爱好者，并且具有一定的造诣，少年时的门焕新在舅舅的指导下，书画技艺已经达到了一定的水准。

然而，与此同时，门焕新的学习成绩却在不断下滑。1984的高考，他名落孙山。这时的门焕新是很想复读再考的，但家庭条件不允许，母亲含着泪对他说："儿啊，家里实在没有能力供你读书啊，是爸妈对不起你。"望着已渐渐有些白发的父母，门焕新不得不暂时顺从命运的安排。

离开校门，门焕新农作之余依然保持着对书画艺术的强烈热爱。除了舅舅，家人和亲戚邻里都在给他泼冷水，但他不为所动，他觉得自己就是喜欢书画，只要不断学习，说不准哪天也能成了书画家呢。

有一次，门焕新用心画了一幅农村田园风光图，得到了舅舅的极大赞许，并鼓励他将这幅画寄给《河南农民报》社。不久以后，《河南农民报》文艺版就把这幅画刊登了出来。门焕新高兴的一夜没有合眼，这次小小的成功大大地增强了他的自信心。

后来，由于家庭困难，为了供弟弟妹妹上学，门焕新不得不背起行囊外出打工。他打工的第一站是开封，这段日子十分辛苦，他白天出一天的苦力，到了晚上几乎连胳膊都抬不起来，哪还有心思和精力去练习书画呢？这个时候，门焕新有点迷茫了，他问自己：难道我就是个做苦力的命吗？"不，绝不可以这样！我无法放弃对书画的热爱！"想要摆脱命运的门焕新当即做出一个决定：白天工作，晚上去拜访当地书画界有名望的前辈，让他们给自己指一条明路。不久，门焕新打听到开封市文联主席王宝贵家的地址，这位书法名家建议门焕新进入专业院校进修，系统地学习专业知识。

到专业院校进修——这是门焕新少年时就有的渴望啊！可是他哪有钱呢？不过这一次，门焕新没有向命运妥协，他又找了一份兼职工作，拼了命去挣钱。半年以后，勉勉强强攒足了学费，门焕新终于如愿以偿地进入河南书法函授院研修班。

得益于专业系统的学习，门焕新的书画水平有了极大的提升，他的作品屡屡发表在国内一些颇具影响力的报刊上。不过，这时的他已经结婚生子，生活压力也越来越大，他只得再次踏上打工之路。

这一次，门焕新辗转了开封、安阳、郑州、常州、杭州、福州等十几个城市。每到一处，他都会前去拜访当地书画界的名家，虚心地向他们请教。此外，他还通过各种途径，到当地书画院校蹭课偷艺。他就这样一边辛苦劳作，一边不断地汲取着多方的知识。

2004 年初，有位朋友告诉他，福建省福清市国家级科普教育基地正在招聘书画艺术类老师，他立刻带着自己发表过的作品和一份简历前去面试，结果，招聘负责人只匆匆扫了一眼简历就拒绝了他，因为他一不是科班出身，二没有名气。但门焕新并没有气馁，他做出了一个大胆的决定：带着作品，直接去找福清市国家级科普教育基地负责人毛遂自荐。

门焕新的自信和胆识让对方刮目相看，更令他感到意外的是，这样一个貌不出奇、名不见经传的农民工，竟然发表过这么多优秀的书画作品。当即，那位负责人决定聘用门焕新为基地书画培训班老师，但需要一个月的试用期检验他的成色！

第一天授课，门焕新虽然讲得有些生硬，普通话也不够标准，但学生们都听得很认真。再次登台，他已经表现得非常轻松和从容。学生们也都被他那精湛的书画技艺所吸引。一个星期以后，负责人告诉他："你可以提前通过试用期了，我们决定和你签订正式合同！"门焕新几乎要跳起来了，可以说从这一刻起，他扭转了命运，真正走进了书画界的大门。

2004 年夏，门焕新的作品被编入一些权威的典籍中，他在书画界的影响力越来越大，翌年，他先后加入了河南省书画协会、中国书画家协会，成为真正意义上的书画家。

从靠出苦力为生的农民工到令人敬仰的大学讲师，不得不说门焕新创造了一个奇迹。然而对此，他在接受采访时却淡淡地说：“我一生痴迷书画艺术，没有理由不成功；我几十年如一日追求书画艺术，也没有理由不成功。只要不抛弃梦想，不放弃追求，每个人都会创造这样的奇迹！”

就算是煎熬，也要熬下去

煎熬对每个人来讲，都是不想经历的一种状态，不管是时间的煎熬还是事情的煎熬，都需要你去克服和忍耐。理想并不是梦，它需要去奋斗和努力，不管做什么事情，如果你想成功，就必须要“熬”。

“熬”，需要的不仅仅是时间，更多的是那种不怕痛苦和辛苦的精神和毅力。懂得享受“熬”的时光，才是幸福的开始。

石悦出生在一个普通家庭，性格比较内向。从小到大，成绩一般，无特长。在别人看来，他只是一个资质平庸、将来不可能取得什么成绩的男孩。不过，石悦有一个爱好，就是非常喜欢研究历史。上大学以后，身边的同学都忙着谈情说爱或是玩各种网络游戏，石悦却仍然将自己的课余时间全部用在读史书上。只要一有空，他就一个人来到图书馆。

大学毕业后，石悦通过了公务员考试。工作时，他从来不像其他同事一样没事就聊聊天，看看八卦新闻，他依旧把精力放在研读史书上。在同事们看来，石悦性格孤僻，不愿意与人交朋友。在现实生活中，他烟酒不沾、不打牌不泡吧，根本就不像一个“80后”。下班后，他也不去参加各种休闲活动，而是将自己关在房间里，独自沉浸在那些刀光剑影、富贵浮云的历史往事中，与历史人物对话，有时灵感突来便会将一些有趣的历史故事记录下来。

日积月累，他终于撰写了一本历史小说——《明朝那些事儿》。这本小说在天涯论坛、新浪网站风起云涌，掀起一阵阵热潮，备受广大网民读者的关注，每月的阅读点击率高达百万。有一次，记者向石悦讨取成功经验，他只说了一句带有调侃意味的话："比我有才华的人，没有我努力；比我努力的人，没有我有才华；既比我有才华，又比我努力的人，没有我能熬！"

成功是熬出来的，而不是梦出来的。如果你细心，你就会发现，多数大人物都是当初一些不断努力的小人物。

谁能想到，当年一个小公司里毫不起眼的一个男助理和一个女助理居然成为人尽皆知的大明星。回忆刚入行时的经历，当时还是陈升助理的刘若英透露，当时收入非常少，只有一万台币，抱着学徒的心态，她熬了 3 年，其后被张艾嘉发掘，参演电影《少女小渔》，从此踏上星途。她还笑说当时自己在公司只是个助理，什么都要做，甚至要洗厕所，而当时洗厕所的另一个人，那个男助理，则是现在已经红透中、港、台、日的金城武，她和金城武的分工是一、三、五和二、四、六。

从古至今，但凡有所成就的人，都曾经历过一番艰苦而孤独的奋斗。奇虎 360 的掌门人周鸿　就非常推崇阿甘精神，认为成功是熬出来的，只有像阿甘那样懂得坚持，明白熬的意义的人，才能一步一步地走下去，成为最终的赢家。

生活中的煎熬，其实就是一种历练，如果在这个过程中，你能够正确地对待自己身边的人和事，那么你会发现其实光明就在眼前，自己的美梦会成真。

没有天分，就拼勤奋

如果你天生平凡，那你就要比别人努力，而且不能放弃希望！如果早早做好计划，早早做好准备，尽早做出行动，就算是小笨鸟也会有肥肥的虫儿吃，而等那些自以为聪明、懒洋洋慢吞吞的鸟儿起来忙着找虫吃时，早起的鸟儿早已吃得饱饱，精气十足地开始了新一天的生活。

人生的路上也是如此，假如我们昨晚能够多准备几分钟，那么今天就会少几个小时的麻烦。对于我们这些没有背景的人来说，要想在激烈的竞争中走在别人前面，那么就要早些打点行装，开始上路。即使早行的路上会有薄雾遮眼，晓露沾衣，但只要朝着东方跋涉，我们必然会成为最早迎接朝阳的人。

从小他就不喜欢在人前说话，口吃让他生活在阴影里。孤寂的日子里，他爱上了音乐，他发现唱歌比说话更有意思。

一个口齿伶俐的人学习唱歌都不是简单的事，更何况他连话都说不流畅。但他心中的渴望融进了血液，他发了疯似的拼命练习。

终于有一天，动人的歌词从他嘴里飘了出来，没有一丝的磕绊。

这年，他 18 岁了。他参加了一个歌唱选秀比赛，并凭借动人的嗓音一举夺魁。他叫哈里森·克雷格，第二季《澳大利亚好声音》歌唱比赛的冠军，一个严重口吃的患者。

记者问他成功的秘诀，他说：“闷在水壶里的水要想探出头，就只能让水沸腾起来，冲开盖子。我只不过是把百分之百的热情和努力都投入了进去，让自己沸腾起来，冲破盖子。”

记者又问：“那盖子要一时冲不开呢？”

他笑了，“让水持续沸腾着，总会把盖子冲开，发出成功的啸叫。”

如果说命运故意为难加一个让人痛苦的盖子，那么追寻梦想的心就是火，行动就是让火不停歇燃烧的柴。不懈地努力，终究会把生活这锅水烧沸腾，顶开加在上面的苦难盖子。

一个人不必天生能干，重要的是勤能补拙，不断地积累经验，提升能力。古往今来，凡有大作为、大建树的人，都有一些共同的特质：做事勤奋、行动力强。在生命中的每一个阶段，努力学习、不断坚持。那些伟大的成功者，在成就一番事业之前，都曾付出过艰辛的努力。那些大家们的才华也决不是与生俱来的，他们不畏艰难、不惧寂寞，他们的付出永远都会比别人多。辛苦是什么？勤奋。勤奋磨尖了你才华的刀刃，让你在知识的海洋中劈波斩浪，并且让你面对困难迎刃而解。

其实仔细想想，也许每个人都应该把自己当成一只笨鸟，一直埋头啄啊啄，有天猛然抬头一看，天啊！我竟然造出了比其他小鸟更深更温暖的窝。

就算你是笨鸟，同样能飞在前面

如果你是笨鸟，要想在激烈的竞争中走在别人前面，那么就要早些打点行装，开始上路。即使早行的路上会有薄雾遮眼，晓露沾衣，但只要朝着东方跋涉，我们必然会成为最早迎接朝阳的人。

她读小学时，文化课成绩一塌糊涂，唯一及格的，只有手工课。老师来家访，忧心忡忡地说：“也许孩子的智力有问题。”父亲坚定地摇了摇头，说 ：“能做出这么漂亮的手工作品，说明她的智力没有问题，而且非常聪明。”

看着老师摇着头离开，她难过地流下了泪水。父亲却笑着说 ：“乖女儿，你一点儿都不笨。”说着，父亲从书架上拿出一本书，翻到其中一页，说 ：“还记得我给你讲过的蓝鲸的故事吗？蓝鲸可是动物界最大的家伙，可你别看它如此庞然，它的喉咙却非常狭窄，只能吞下 5 厘米以下的小鱼。蓝鲸这样的生理结构，是造物主的巧妙设计，因为如果成年的鱼也能被它大量吃掉。那么，海洋生物也许就要面临灭绝的境地了！”

“上帝不会偏爱谁，连蓝鲸这样的大家伙也不例外。”停了停，父亲又给她讲了一个故事 ：

“奥黛丽 · 赫本小的时候家里很穷，经常忍饥挨饿，一度甚至只能依靠郁金香球茎做成的‘绿色面包’以及大量的水来填饱肚子。长期的营养不良导致她的身材非常瘦小。当听说她的梦想是要成为电影明星时，所有的同学都嘲笑她白日做梦，说一阵风就可以把她刮上天了。在大家的嘲讽面前，赫本并未自卑，她一直为自己的梦想努力着，终于成功扮演了《罗马假日》中楚楚动人的安妮公主。如果，当初她因为别人的嘲笑而放弃理想，就不可能成为后来的世界级影星。”

父亲又鼓励她说 ：“你看，无论是蓝鲸，还是巨星，都有其不完美的一面。这就好像你的文化课成绩虽然差一点儿，但手工却是最棒的，说明你心灵手巧。你有自己的天赋，坚持下去。”

也许正是因为有了父亲的鼓励，打这以后，她不但更加迷恋手工，还时不时地搞些小发明。比如听母亲抱怨说衣架不好用，她略加改造，就做成了可以自由变换长度的“万能衣架”，甚至，在父亲的帮助下，她还将家里的两辆旧自行车拼到一起，改装成了一辆双人自行车。

她就这样快乐地成长着，不再在乎别人说自己笨。似乎只是转眼之间，她已是麻省理工大学的一名学生。那天，她外出购物，在超市门前偶然听到有两位顾客抱怨："现在找个空车位真难！如果谁能发明一种可以折叠的汽车就好了！"说者无心，听者有意，她随即产生了尝试一下的想法。

回去以后，她开始搜集有关汽车构造方面的知识，单是资料就打印了厚厚的几大本。接下来，她开始进行设计，一次次的思考，图纸画了一次又一次。经过半年的努力，她竟然真的设计出了折叠汽车的图纸。

这时，又有同学来泼冷水，"你知道如何生产吗？说不定这就是一些废纸！"她又想起了父亲当年讲的蓝鲸的故事，笑着说："我确实不懂生产汽车，但有人懂啊，我可以寻求合作。"接着，她在网上发布帖子，寻求可以合作的商家。不久，西班牙一家汽车制造商联系到她，双方很快签下合约。2012年2月，世界上第一款可以折叠的汽车问世了。

这款汽车有着时尚的圆弧造型，全长不过1.5米，电动机位于车轮中，可以在原地转圈，只要充一次电，就可行驶120千米，最重要的是它可以在30秒之内，神奇般地完成折叠动作，让车主再也不用担心没有足够的空间来停车。折叠汽车刚刚亮相，就受到众多车迷们的追捧，还没等正式批量生产，就收到了很多订单。

她就是来自美国的达利娅·格里。在接受记者采访时，她有些害羞地说："我从小就不是个聪明的孩子，但我坚持做自己喜欢的事，用刻苦和勤奋来弥补缺陷，才找到了属于自己的路。"

每个人都有多方面的才能，社会的需要和分工更是多种多样的。一个人这方面有缺陷，可以从另一方面谋求发展。只要有了积极心态，就可以扬长避短，把自己的某种缺陷转化为自强不息的推动力量，也许你的缺陷不但不会成为你的障碍，反而会成为你成功的条件。因为它促使你更加专心地关注自己选择的发展方向，促成你获得超出常人的动力，最终成为超越缺陷的卓越人士。

如果你是一只笨鸟，就先飞！成功之事，大抵如此。其实仔细想想，也许每个人都应该把自己当成一只笨鸟，一直埋头啄啊啄，有天猛然抬头一看，天啊！我竟然造出了比其他小鸟更深更温暖的窝。

如果你在某一方面的条件不如别人，那就仔细看看自己，一定会有强于别人的地方，这就是你的天赋。把握它，发挥它，强化它！用你的汗水浇灌它。成绩，源于对自我的正确认知以及孜孜不倦的努力。如果你是别人眼中的笨鸟，就先飞，你会比他们到的更早。

/04/ 把握住当下，把握每一个真实的刹那

生命的起点只有一次，而人生的起点可以有很多次。人生不是一只细磁碗，破碎了就不能再弥补；人生其实是一朵花，谢落了还可以再开放。把握好现在，每一天就都是我们人生的起点。

别说如果，人生比的是结果

人生中最可悲的一句话就是：我当时真应该那么做，但我没有那么做。很多人的想法颇多，但大多就只是空想，结果一事无成。成功这条路上，你驻足不前，几年的时间转眼即逝，时光永远不会为你停留。

有个人，偶然的机会捡到一只鸡蛋，回家高兴地跟老婆筹划：要将蛋孵出小鸡，小鸡若是母鸡长大后就会生蛋，这样一年后就会有 300 只蛋，300 只蛋又能孵出 300 只鸡，这样鸡生蛋、蛋孵鸡，再过几年就可以用卖鸡卖蛋所赚来的钱，去买十头牛——当然是母牛了，母牛生牛犊、牛犊长大再生牛……这下就会发财了，他讲到这里高兴至极，居然还说要用这笔钱讨个小老婆，谁料老婆一气之下，一巴掌把那鸡蛋给打碎了。

任何梦想，若只想，则易灭！想象着天上掉馅饼无疑是可笑的。有些人总是考虑他的那些“假若如何如何”，所以总是因故拖延，总是没有行动起来。总是谈论自己“可能已经办成什么事情”的人，不是进取者，也不是成功者，只是空谈家。

这个世界总是为那些有目标的人准备着路径的。如果一个人有目标、有对象，晓得他自己是向着何处前进，那么，他就比那些游荡不定、不知所从的人来得更有成就。

某广告公司招聘设计主管，薪水非常优厚，求职者甚众。几经考核，十位优秀者脱颖而出，汇聚到了总经理办公室，进行最后一轮角逐。

老总指着办公室里两个并排放置的高大铁柜，为应聘者出了考题：请回去设计一个最佳方案，不搬动外边的铁柜，不借助外援，一个普通的员工如何把里面那个铁柜搬出办公室。

望着据说每个起码能有500多斤的铁柜，十位精于广告设计的应聘者先是面面相觑，思考着为什么出此怪题，再看老总那一脸的认真，他们开始仔细地打量那个纹丝不动的铁柜。毫无疑问，这是一道非常棘手的难题。

三天后，九位应聘者交上了自己绞尽脑汁的设计方案：杠杆、滑轮、分割……但老总对这些似乎很可行的设计方案根本不在意，只随手翻翻，便放到了一边。这时，最后一位应聘者两手空空地进来了，她是一个看似很弱小的女孩，只见她径直走到里面那个铁柜跟前，轻轻一拽柜门上的拉手，那个铁柜竟被拉了出来——原来那个柜子是超轻化工材料做的，只是外面喷涂了一层与其他铁柜一模一样的油漆，其重量不过几十斤，她很轻松地就将其搬出了办公室。

这时，老总微笑着对众人说：“大家看到了，这位未来的员工设计的方案才是最佳的——她懂得再好的设计，最后都要落实到行动上。”

很多人在风华已过时不无懊恼——“如果我当年怎样怎样，早就飞黄腾达了！”的确，一个伟大的目标胎死腹中，令人叹息不已，永远无法忘怀，然而，这又怪得了谁？人格与尊严是自己干出来的，空想只会通向平庸，而绝不是成功。

所以，若想做成一件事，就要先入局。在实践中充实自己、展现自己的才能，将该做的事情做好，证明自身的价值，如此你才能得到别人的认可。

现在回忆一下，几年前你是不是就在想，几年后的自己会是什么样子、将过什么样的生活呢、住什么样的房子、开什么样的车子、娶什么样的女子……然而几年后的今天，扪心自问，当初你对自己所作的承诺兑现了几项？你为自己的设想付出足够的行动了吗？假如没有的话，请再想一想，几年后，你又会是什么样子？

所有的成果，都是行动的收获

目标明确的人，知道自己想要什么；

追求实际的人，知道为什么去要；

能够将“要什么”和“为什么要”连在一起，并知道“如何要”的人，肯定是有想法、有思路，且有实际行动力的。

世上的一些事，当我们没有走近它时，往往觉得神秘莫测，因此会感到困惑、迷茫甚至充满敬畏。所以很多时候，我们选择能避则避，即便硬着头皮去接受，往往也是胆战心惊，在畏惧心理的作用下越发感到力不从心。其实，阻力并没有那么大。

这个时候，你首先应该考虑的是，能否用行动来检验它的难度，而不是用臆想将阻碍无限放大。

世界上牵引力最大的火车头停在铁轨上，为了防止它滑车，铁路工人只需在8个驱动轮前各塞一块一英寸见方的小木块，这个“大家伙”就会乖乖地原地待命。然而，一旦它开始启动，世界上就很少有东西能够阻挡它了。当它的时速达到100英里／小时时，即使是一堵5英尺厚的钢筋水泥墙，也会被它在瞬息之间撞穿。

从被几个小木块卡住到轻松撞穿一堵钢筋水泥墙，火车头何以变得如此威力无穷？因为它开动了起来。

其实，人也能够迸发出无比巨大的威力，许多看似厚重的障碍也能够轻松突破，但前提是：你必须让自己启动起来，否则，如果只是虚空想象，就会像停在铁轨上的火车头，连些许小木块也无法推开。

你可能想到过无数个好点子，但很遗憾，你没有把它们落实到行动中，所以现在的你和之前的你并没有什么两样。这个时代并不缺乏有头脑的人，但缺乏能把智慧付诸实践的人。有时候，你抢先一步，就能比别人多获得无数的好处。

三个旅行者徒步穿越森林，他们一边走一边讨论励志课上讲到的“行动的重要性”。他们聊得很入神，以至于没有意识到天色已晚，等到肚子抗议之时才发现，所带的食物仅剩下了一块面包。

这是三位虔诚的信徒，他们决定不去争论该由谁来吃这块面包，而是把这个问题交给上帝决定。当晚，他们在祈祷声中入睡，希望上帝能发一个信号过来，指示谁能享用这份食物。

翌日一早，三个人被温暖的阳光唤醒，又聊了起来：

“我做了一个梦，”旅行者甲说，“在梦里，我到了一个从未去过的地方，那里充满了平静与和谐，这时上帝出现了，他对我说：‘亲爱的孩子，你是我选择的人，你从不追求奢侈，总是奉献快乐，为了表示我对你的欣赏，我想让你去品尝这块面包。’”

“真是奇怪，”旅行者乙接过话来，“我也做了一个梦，梦到了自己光辉的过去和伟大的未来，当我凝视这即将到来的美好时，上帝出现了，他说：‘亲爱的孩子，你比你的朋友更需要食物，因为你要领导许多人，需要力量和能量。’”

“你们真的太有思想了！”旅行者丙说，“昨天，我就在这里见到了上帝，他对我说‘你还记得行动的重要性吗？’然后我就吃掉了那块面包。真要感谢上帝，在我饿得快要死的时候及时提醒了我。”

不要只是当作笑话来看，去冥想它幽默背后的深意：纵然你有一千个理由成功，但如果不去行动，那也不过就是一个梦。

人，有梦想，起码表示自己在精神层次上有所追求，但如果一直只让它停留在脑海中，对你人生的提升则不起丝毫作用。

所以，先行动起来再说，只有行动起来，才能了解事物的确切真相，才能把握事情的真切走向。我们所谓的障碍，其实不过是些小木块，你没有行动，它便永远是你的阻碍。火车头只有在启动以后，才会爆发出惊世骇俗的力量，人只有在行动以后才能石破天惊。困难出现，呆坐着发愁，找理由回头，这是最容易摧毁心智的。所以，别被自己想象出来的困难吓倒，黎明前总会有一段黑暗，你穿越了黑暗，光明随之即来。

在行动之前，先做一份大策划

因为去哪儿无所谓，所以走哪条路都无所谓，这是很多人的生活写照，因为没有规划，所以索性走一步算一步，自己不知道该怎样做，别人也帮不了他们，而且就算别人说得再好，那也是别人的观点，不能转化成他们的有效行动。

没有规划的人生，就像是没有目标和计划的旅行，走着走着就迷路了，陷在深山老林里喊救命。花谢了花会再开，可人谁还有来生？活不出个样子来，最对不起的就是自己。

一项调查显示，每 100 个人中就有 98 人对现在的生活状况不满意，难道他们不想改变吗？

没有钱的人，他们不想有钱吗？职位低的人，他们不想高升吗？工作乏味的人，他们不想有一个更适合自己的工作吗？孤单的人，他们不想有一个美满的家庭吗？想，他们当然想，那么这个“想”字就代表了一种愿望、一个目标、一个蓝图。只是他们不知道通过什么样的途径实现目标，也就是不能为自己的目标做一个规划。

如果你不知道要到哪儿去，通常你哪儿也去不了。我们在畅想生活的美好前景时，心里会激动不已，可一旦涉及如何完成这个目标的行动时，又往往觉得无从下手、难上加难。很多目标就这样被一个“难”字卡住了。实际上事情的完成不可能轻而易举，目标永远高于现实，从低往高走哪有不费力的道理。关键在于规划，在于要充分挖掘自身潜力，制订一个具体可行的计划。

规划，就是人生的基本航线，有了航线，知道自己想要去哪里，我们就不会偏离目标，更不会迷失方向，生命之舟才能划得更远、驶得更顺。

日本著名企业家井上富雄年轻时曾在 IBM 公司工作。可是不幸的事情发生了，由于他体质较弱再加上过分卖力，导致积劳成疾，一病不起。他凭着强大的意志力与病魔对抗 3 年之久，终于得以康复，并重新回到公司工作。

这个时候他已经 25 岁了，他觉得自己浪费了太多的时间，现在亟需为自己的未来制订一份计划。这样，一份未来 25 年的人生计划诞生了，这是他第一次为自己制订人生计划。此后，他每年都为自己未来的 25 年订立新的计划。比如 27 岁时，制订了到 52 岁时的人生计划；到了 30 岁时，制订了 55 岁时的人生计划。

由于担心过分逞强会引起旧病复发，井上富雄需要一种既能悠闲工作又可快速休息的方法。最初他是这样想的：好吧，别人花 3 年时间做到的，我就花 5 年时间去做；别人花 5 年时间，我就花 10 年时间，只要有条不紊，一步步前进，总是会有成就的。

他一直在思索，“如何才能以最少的劳力，消耗最少的精神，以最短的时间方能达到目的。”换而言之，他一直在规划着一种既不过分劳累又能获得成功的人生战略。他依据现实情况，不断对规划作出调整，追加新的努力目标，使自己的人生追求逐渐扩展充实起来。他为自己的人生规划做足了准备，当他还是一个办事员的时候，就已经开始学习科长应当具备的能力；当上科长以后，他又开始学习经理应当具备的能力；做了经理以后，就进一步学习怎么去做总经理。他的升迁比别人要快得多，这一切都得益于他所制订的人生规划。

到了 47 岁，他干脆离开 IBM，自己开始创业，之后，他取得了更加辉煌的成就。对于后辈们，他给出了这样的忠告：“做什么事都要有计划。计划会促使事情的早日完成或理想的早日实现。”

人生从来就不是一个轻松的过程，假如你漫无目的、毫无规划地生活，只会让你的人生一团乱麻。生活中几乎每个人都有这样的经历：假日清晨一觉醒来，觉得今天没有什么重要的事情需要处理，就会东游西逛，懒懒散散地度过一天，但如果我们有一个非做不可的计划，不管怎样多少都会有点成绩。

一个人的幸运，不是因为他手中拿到了一副好牌，而是因为他知道用最好的方法把牌打出去。人人都有责任研究人生，做人生的设计师，哪怕只是为了对得起自己。虽然你无法预测自己的未来，但你可以用心去规划。只有对自己的人生有个宏观的把握，才能在未来的路上走的从容，走的精彩。

认准的路，就要义无反顾

当你准备走一条陌生的路，你要走你认为对的那条路，因为那些路究竟通向哪里你并不清楚，只有走下去才知道正不正确。

有三个一起在大山里长大的男人要去城里打拼。他们结伴而行，一路上风餐露宿，幕天席地，遭遇暴雨狂风，翻过座座高山，涉过条条大河，终于来到了一座繁华热闹的集镇。这里有三条大路，其中只有一条能够通往城市，但谁也说不清究竟哪条才是。

A 说："我爹这辈子一直告诉我，'听天由命'，我就闭上眼睛选一条，碰碰运气好了。"他随便选了一条，走了。

B 说："谁叫咱们生在那个穷地方呢，我没读过书，盘算不出走哪条路最有可能，我就走 A 旁边的那条大路吧。"说完，他拍拍屁股也走了。

剩下的是一条小路，C 也拿不定主意。他想了又想，决定还是先去镇子里问问长者。长者听了他的话，摇了摇头："没人到过城市，因为它太远了。而且我们这里的生活过得也不错。不过，孩子，我可以把我祖父的话告诉你——走自己认为是对的路。"

C 记着长者的话，踏上了那条小路，去追寻他的城市之梦。他经历的痛苦、艰难无与伦比，但是，每一次挫折、每一回失败他都挺了过来。每每他觉得自己快要受不了了的时候，便对自己说"走错的也是自己的路"，于是他挺过来了。

2年后，他终于来到了朝思暮想的城市，他能吃苦，有毅力，从最底层的工作做起——擦皮鞋、拣垃圾、端盘子，后来他成为一家公司的普通职员、蓝领、白领，直到自己独立注册了一家公司。

30年后，C老了，他把公司交给儿子打理，只身回乡探亲。依然是那个贫穷的小山村，依然是茅屋泥墙。A和B早已回到这里，依然过着日出而作日落而息的日子，三兄弟各自叙述离别后的故事。A沿着大路走了5个月，路越来越窄，野兽出没，某日黄昏，他还差一点被豺狼分尸，他害怕了，灰溜溜地回来了。B所遭遇的情景和A差不多，回来之后，他觉得自己这辈子都再抬不起头来了。C叹息地说："我走的路和你们的一模一样，唯一不同的是，我选定了就绝不回头。"

其实，每条路都能通向城市，走自己认为是对的路，坚持走下去不要回头，只要你认定它是对的。

默默储备，终有一日冲出平庸

在遭遇重大事件时，你能否克服恐慌，取得成功，就全看你的准备有多充分。

小蒋是一所著名大学的学生，他在全国著名高校辩论赛中表现突出，引起有关部门的注意，毕业后留在了市政府做秘书，但当他谈起那次辩论赛获胜的原因时，他却这样说：

"我在辩论赛中按规定要答复对方辩友的演说词，而对方辩友的演说词在我看来简直是无可辩驳的。那时的规定是允许对方有一天的准备时间。

"那时，我觉得对方的演说词好像无可辩驳，但明天比赛开始时，不管怎么样终究不能不做出答辩。我没有充分的时间做准备，但我所答复的问题将会成为我方能否取胜的关键。最后我的演说获得了巨大的成功，也最终促成了我方的胜利。

“那篇演说稿是我连夜写出来的，其中的大部分材料，都是从书桌里的一堆笔记上得来的。这堆笔记是我以前为了研究其他问题摘录下来的。这就是说，正是我以前所做的储备在这一次派上用场了。”

在你从事各种事业时，体力、道德、智力的储备都是十分需要的。你要是有志于做大事，必须使这些能力有相当的储备，只有这样，才可以担当重任，才可以应付非常事件。

普法战争之前，普鲁士的毛奇将军在军事上所做的准备是最好的例证，战斗力的储备和军事计划的准备是可以克敌制胜的。毛奇将军的行为，值得每个青年人效仿。

在战争爆发之前的 13 年，毛奇将军就已经着手筹划周密的作战计划了。全国的每个将官，甚至后备队中的每个军人都奉有种种训示，告诉他们作战时应采取的行动和要把握的时机。

全国的将帅，还都奉有各种关于军队调度、行军方略的密令。只要一接到动员令，就可以立刻遵照行动，而且兵站也预先设置在位置最适当、交通最便利的地点，以免作战时运输不便。

毛奇将军对于所制订的作战计划，还常常加以变更、纠正。力求适合当时的情势，以备战事在任何时候发生都能指挥若定，应付自如。据说，1870 年所执行的作战计划，早在 1868 年就订下了，而第一次计划的拟订，则远在 1857 年就已完成。所以战争一爆发，毛奇将军所指挥的德军，其行动就准确得分毫不差。

然而，法国的军事当局却一点儿准备都没有。

战事一开始，前线法军向后方发出的告急电报就纷至沓来。供给不足，驻军不便，军队无法联络，一切都混乱不堪。与德军作战，犹如螳臂当车，致使法军步步失算，处处落后。结果城下乞降，忍受常人无法忍受的奇耻大辱。

有多少人，因为在事业上没有做好充分准备，而导致一败涂地。他们以为自己的能力足以应付目前的事务就不做更充分的准备。他们不想再把地基掘得更深些、基础打得更牢些，他们也不想多储备些能力，他们更不想用远大的眼光去预测未来。

假如青年人真的盼望能得到丰盛的收获，他就必须要先耕耘土地，在播种的时节，则应撒播良好的种子。

假如你不在自己的生命中投入些什么，你就不能从你的生命中获取些什么，就像你没有把钱存进银行，就不能向银行取钱一样。所以，你要超越平庸，就要储备各方面的知识与技能，一旦时机成熟，你必能凭借着这些“武器”冲出平庸的囹圄。

一步一个阶梯，步步为赢

很多时候，我们之所以会半途而废，往往不是因为目标难度较大，而是觉得成功离我们太远，确切地说，我们不是因为失败而放弃，而是因为倦怠而失败。人生需要激励，需要一个又一个的成就来刺激自己。当我们成功、成功、再成功之时，人生就会进入良性循环，我们才不会因为倦怠而失败，才能够时刻保持足够的激情，时刻焕发旺盛的斗志。

从这个角度上说，我们必须在“远大目标”与现实之间找到一些“接力点”。这些接力点虽然不是最终目标，却是最近、到达最快的“终点”。到达这些“接力点”于我们的能力而言，应该不需花费太大力气，通过它们，我们可以逐步实现自己的目标。

那天去朋友的图文公司，偶然听到这样一段对话，那是一位年轻的求职者，要打印几张简历，因为不是很忙，工作人员便和他搭讪：

“工作找的怎么样？”

“还可以吧，一会儿还要去一家公司应聘。”他笑着说。

“准备应聘什么职位？”

求职者笑而不语。工作人员有些好奇，复印的时候就多看了几眼他的简历——哇，竟然是副总经理！抬头再看过去，年纪和自己不相上下，不由得感叹：

“你真不简单。”

他又笑一下，“这没什么，在工厂里待了5年，大多数职位都干过，有过半年的总经理特别助理经验，今天与这家单位的老总谈得也还可以。”

这时，工作人员已经把他的简历看完。真的不简单！做过人事行政主管、财务主管、生产主管，离职前是一家3000多人港资企业的总经理特别助理。

工作人员再次赞叹：“你的确是不简单，短短5年工夫就能在这些大企业的重要部门做了主管，是不是有很高的学历或者留洋背景。”

“我的学历也不是很高，只是一个普通的本科生而已。”

“那你的目标为什么能实现得这么快呢？”

他笑了笑，“其实也没什么，我只是把目标具体细化，再分段实现而已。”

原来，他一直渴望做一个成功的金领。刚出校门的时候，那叫一个心比天高，只盯着高级职位不放，可是无论他说得多么有条有理，表现的多么足以胜任，人家就是不买账。因为没有经验，又是一个毛头小子，难免让人产生“嘴上无毛办事不牢”的感觉。慢慢地，他改变了对目标的看法——“再远大的目标，也是由一个个小的、具体的目标组合而成的，先把小目标一个个实现，大目标自然也就实现了。”他说，“上学时我学的是财务，就先做统计，由于谨慎认真，深得老板认可，又调去搞财务，一步一步干到了财务主管的位置上。做财务主管的时候，时间相对宽裕，我就常去给人事主管帮忙，慢慢人事这块也弄熟了。在做人事主管时，我与车间的接触比较多，就对生产管理知识和工作流程格外留心，特别是能运用财务专业知识分析成本、控制品质。于是在换了一家公司以后，我又当上了生产部门的主管。现在，对人事、财务、生产这三大块我总算都有了一定的认识，做个副总经理应该不成问题，等以后攒足本钱，我就开一家公司，自己做老板。”他十分自信地说。

“再远大的目标，也是由一个个小的、具体的目标组合而成的，先把小目标一个个实现，大目标自然也就实现了。”我们都需要这种智慧。例如，我们希望在35岁之前拥有属于自己的房子、车子，或者只是挖到人生之中的第一桶金，这些愿望对于现阶段“身无分文”的我们而言未免有种可望而不可及的意味。但是，如果我们能够将目标具体细化，使之成为一个又一个可望可及的“接力点”，比如首先设定目标为找到一份适合自己的工作，然后在某个合理时间内完全适应工作，在某个可能的时间内实现升职、加薪……那么我们每年、每月甚至是每一天，就都有可能实现一个具体目标。长此下去，聚沙成塔，还有什么样的目标能吓倒我们呢？

别让前进的脚步在任何一天中断

当我们被生活中的小事包围以后，常因此迷失，感觉彼时的梦想越走越远，风霜的磨砺和肩上的重担让我们不知所措，我们常不知道接下来该怎么办。

那么这个故事一定能够给你以启迪。

有一只新组装好的小钟被放在了两只旧钟当中。两只旧钟“滴答”、“滴答”一分一秒地走着。

其中一只旧钟对小钟说：“来吧，你也该工作了。可是我有点担心，你走完三千二百万次后，恐怕便吃不消了。”

“天哪！三千二百万次。”小钟吃惊不已，“要我做这么大的事？办不到，办不到。”

另一只旧钟说：“别听他胡说八道。不用害怕，你只要每秒钟滴答摆一下就行了。”

“天下哪有这样简单的事？”小钟将信将疑，“如果这样，我就试试吧。”

小钟很轻松地每秒钟“滴答”摆一下，不知不觉中，一年过去了，它摆了三千二百万次。

每个人都渴望梦想成真，成功却似乎远在天边遥不可及，倦怠和不自信让我们怀疑自己的能力，放弃努力。其实，我们不必去想以后的事，一年、甚至一月之后的事，只要想着今天我要做些什么，明天我该做些什么，然后努力去完成，就像那只钟一样，每秒“滴答”摆一下，成功的喜悦就会慢慢浸润我们的生命。

相比于一生，一天真的很短，以一年 365 天，一生 75 岁计算，从 18 岁成人算起，除去吃喝拉撒、精力不济等种种因素虚度掉的 10 年，还有近 50 年我们可以用来每天努力为确定的目标付出，如果每天接近目标并成功 1%，大概有近 183 个大目标我们完全可以实现、成功。

我们几乎每天都找借口说自己很忙，一年下来真正做成功的事情并没有多少，想想有多少 1% 被我们所忽略、放弃？！当我们确定一个大目标时，短期内看上去这个目标很遥远、缥缈，但当我们把它分解到年、月、日，分解到时、刻、分、秒，分解到1%，如果我们每时每刻每天为1%付出99%的努力，遥远的目标就会一下子变得清晰、现实起来！

每天成功1%只是一个为了大目标而努力的落脚点，而当1%逐步上升为100%，1变成10，变成100、1000、10000，甚至更多时，我们已将成功的金牌挂在胸前了。

那些不起眼的小事，也要做到极致

没有一件事情是没有意义的，每一件小事都有自己的意义。

我们每个人所做的工作，都是由一件件小事组成的，所以我们不能忽视工作中的任何一件小事。其实，无论大事小事，关键在于你的选择，只要选择对了，你的小事也就成了大事。

美国标准石油公司曾经有一位小职员叫阿基勃特。他在出差住旅馆的时候，总是在自己签名的下方，写上“每桶4美元的标准石油”字样，在书信及收据上也不例外，签了名，就一定写上那几个字。他因此被同事叫作“每桶4美元”，而他的真名倒没有人叫了。

公司董事长洛克菲勒知道这件事后说：“竟有如此努力宣扬公司声誉的职员，我要见见他。”于是，洛克菲勒邀请阿基勃特共进晚餐。

后来，洛克菲勒卸任，阿基勃特成了第二任董事长。

也许，在我们大多数人的眼中，阿基勃特签名的时候署上“每桶4美元的标准石油”，这是小事一件，甚至有人会嘲笑他。

可是这件小事，阿基勃特却做了，并坚持把这件小事做到了极致。那些嘲笑他的人中，肯定有不少人才华、能力在他之上，可是最后，他却成了董事长。

可见，任何人在取得成就之前，都需要花费很多的时间去努力，不断做好各种小事，才会达到既定的目标。

一个人的成功，有时纯属偶然，可是，谁又敢说，那不是一种必然呢？

恰科是法国银行大王，每当他向年轻人谈论起自己的过去时，他的经历常会引发闻者深深的思索。人们在羡慕他的机遇的同时，也感受到了一个银行家身上散发出来的特质。

还在读书期间，恰科就有志于在银行界谋职。一开始，他就去一家最有名的银行求职。一个毛头小伙子的到来，对这家银行的官员来说太不起眼了，恰科的求职接二连三地碰壁。后来，他又去了其他银行，结果也是令人沮丧。但恰科要在银行里谋职的决心一点儿也没受到影响。他一如既往地向银行求职。有一天，恰科再一次来到那家最有名的银行，“不知天高地厚”地直接找到了董事长，希望董事长能雇用他。然而，他与董事长一见面，就被拒绝了。对恰科来说，这已是第 52 次遭到拒绝了。当恰科失魂落魄地走出银行时，看见银行大门前的地面有一根大头针，他弯腰把大头针拣了起来，以免伤人。

回到家里，恰科仰卧在床上，望着天花板直发愣，心想命运为何对他如此不公平，连让他试一试的机会也没给，在沮丧和忧伤中，他睡着了。第二天，恰科又准备出门求职，在关门的一瞬间，他看见信箱里有一封信，拆开一看，恰科欣喜若狂，甚至有些怀疑这是否在做梦，他手里的那张纸是银行的录用通知。

原来，就在昨天恰科蹲下身子去拣大头针时，被董事长看见了。董事长认为如此精细谨慎的人，很适合当银行职员，所以，改变主意决定雇用他。正因为恰科是一个对一根针也不会粗心大意的人，因此他才得以在法国银行界平步青云，终于有了功成名就的一天。

于细处可见不凡，于瞬间可见永恒，于滴水可见太阳，于小草可见春天。上面说的都是一些“举手之劳”的事情，但不一定人人都乐于做这些小事，或者有人偶尔为之却不能持之以恒。可见，“举手之劳”中足以折射出人的崇高与卑微。

一个能够成就大业的人，一定具备一种脚踏实地的做事态度及非凡的耐心及韧性。正是他们对小事情的处理方式，为他们成就大业打下了一个良好的基础。因此古人说：“勿以事小而不为”，选择小事同样可以成就大业。

辑三 重建

找到新模式，覆盖曾经压制自己的封印

/01/ 走出舒适区，成长，是件苦差事

很多事，能与不能不在于人的能力，而在于心的力量。只要你想，并愿意为之努力，梦总有实现的时候。别让现在的温暖和安逸吞噬了你，把你变成一个不折不扣的庸人，要借着年轻的光，勇敢大步地向前走，就算留下血泪也不必太在乎。

吃苦，正是成长的前奏

英国劳埃德保险公司曾从拍卖市场买下一艘船，这艘船1894年下水，在大西洋上曾138次遭遇冰山，116次触礁，13次起火，207次被风暴扭断桅杆，然而它从没有沉没过。

劳埃德保险公司基于它不可思议的经历及在保费方面给公司带来的可观收益，最后决定把它从荷兰买回来捐给国家。现在这艘船就停泊在英国萨伦港的国家船舶博物馆里。

不过，使这艘船名扬天下的却是一名来此观光的律师。当时，他刚打输了一场官司，委托人也于不久前自杀了。尽管这不是他的第一次失败辩护，也不是他遇到的第一例自杀事件，然而，每当遇到这样的事情，他总有一种负罪感。他不知该怎样安慰这些在生意场上遭受

了不幸的人。

当他在萨伦船舶博物馆看到这艘船时，忽然有一个想法，为什么不让他们来参观参观这艘船呢？于是，他就把这艘船的历史抄下来和这艘船的照片一起挂在他的律师事务所里，每当商界的委托人请他辩护，无论输赢，他都建议他们去看看这艘船。

它使我们知道：在大海上航行的船没有不带伤的。

温室中的花朵，很少能够得到诗人的垂青；贪图安逸的“懒人”，只能一次又一次被人超越。正如一首歌中唱的那般——“不经历风雨，怎能见彩虹，没有人能随随便便成功。”

很久以前，武夷山上有两块大石，它们相伴千载，看尽人世沧桑、六道轮回。

一天，一块石头对另一块说：“不如我们去尘世磨练磨练吧，能够体验一下世间的坎坷及磕碰，也不枉来此世一遭。”

后者不屑：“何必去受那份苦呢？在此凭高远眺，数不尽的美景尽收眼底，青山翠柏、香茗异草陪伴身旁，何等惬意！再说，这一路碰撞不断、磨难重重，会令我们粉身碎骨的！”

于是，前者晃动身躯，顺山溪滚滚而下，一路左磕右碰，周身伤痕累累，但它依然执着地向前奔波，终入江河，承受着流水与岁月的打磨。

后者嗤之以鼻，安立于高山之上，看盘古开天辟地时留下的风尘美景，享风花雪月的畅意情怀。

又过千载，前者在尘世的雕琢、锤炼之下，成为稀世珍品、石艺奇葩，受万人瞻仰。后者得知，亦想效仿前者，入尘世接受洗礼，赢得世人赞叹。但每每想到高山上的安逸、享乐，想到尘世的疾苦，想到粉身碎骨的危险，它便不舍了、退却了。

再后来，世人为更好地珍藏石艺奇葩，决定为它及它的同伴建造一座别具一格的博物馆，建筑材料全部用石头，以突出“石”的主题。于是，世人来到武夷山上，将那块贪图安逸、贪图享乐的大石及很多石头砸成碎块，为前者盖起了一座“别墅”。后者痛哭，它最终还是粉身碎骨，但碎的未免太不值得。

其实，人们最好的成绩往往是处于逆境时做出的。思想上的压力，甚至肉体上的痛苦都可能成为精神上的兴奋剂。在那些曾经受过折磨和苦难的地方，最能长出思想来。所以，很多时候，因为选择的不同，资质上相差无几的人便有了不一样的命运：有些人放弃安逸，甘受风霜的洗礼、尘世的雕琢，便做出了让人羡慕的成绩；有些人逃避雕琢，沉于安逸，便成了一块废料。那么，如果是你，你会放下什么、选择什么？

人生，需要重重忧虑

一个人的成长过程就像是学滑雪一样，稍不留心就会摔进万丈深渊，只有忧虑者才能幸存。

二战时，英军、美军的两支部队分别从红海东岸和地中海沿岸，向驻扎在北非的一个德国军营挺进，任务是从那里的纳粹集中营里解救被关押的500多名英国军人和北非土著。

英国军队穿过一段丛林，渡过尼罗河，一路上平平安安，没有德军埋伏，甚至没有野兽袭击，行军非常顺利。

而美国军队从红海东岸起程，需要穿过一片沙漠，渡过一条没有桥的河流，需要冲破敌人的两道防线，更要命的是在突破第二道防线后准备安营扎寨休整之时，德军埋伏在苏丹东部的一个藏兵营向他们扑来。而此时，他们已经疲惫不堪了。

10天后，盟军按计划拿下了阿尔及利亚东部的德军驻扎点，营救成功。谁也想不到，立下这一汗马功劳的不是英军，而是当时已经危在旦夕的美军，当那个藏兵营的德军追上来时，美军早已经顺利完成任务，并沿着英军的进军路线撤退了。撤退途中他们遇到一个英国士兵，英国士兵告诉他们："我们的部队被一支德军藏兵营突然冲散了！"

"一支强大的军队怎么就这样轻易地被冲散？为什么会这样？"美军指挥官斯特罗斯问。

英国士兵沉默了，因为他也不知道为什么。真正明白个中缘由时，他已经成了一位老人。

战争结束后，这名士兵一直居住山中过着悠闲自在的狩猎生活，和他相伴的是一只勇猛的猎狗。几年后，他结束了狩猎生活，在郊区买了一座庄园，养起了鸡鸭，猎狗也成了庄园的一个主人。仅仅过了两个月，一向凶猛的猎狗开始食欲不振、精神萎靡，很快就瘦骨嶙峋了。老士兵以为猎狗病了，带它去看兽医，结果一切正常，可猎狗仍然一天天地萎靡下去，老士兵非常着急，却也不知怎样才能改变现状。一晃儿到了冬天。一只觅食的苍鹰光临了他们的庄园，低低地在上空盘旋，猎狗突然双目发光，蹿起来冲着苍鹰狂叫，威风极了。那天，狗吃了许多东西。

有所醒悟的老士兵从山里捕回一只狼，拴在庄园外的一棵树下。从此情况果然变了，只要看到狼，狗便显得非常精神，并且一天天胖了起来。

又过了几年，猎狗寿命尽了，老士兵前往日本旅游。他在大阪偶然看见几个孩子在玩一个叫作"生存"的游戏：一些卡片上分别有老虎、狼、狗、羊、鸡、猎人等图案，三个孩子各执一副，暗自出牌，虎能通吃，但两个猎人碰一块儿可以打死一只虎，一个猎人能打死一只狼，两只狼碰在一起可以吃掉一个猎人。有道理，老士兵想。但他发现，当每个孩子手里的虎和狼都灭亡后，一只羊就能吃掉一只狗。

羊怎么能吃掉狗呢？老士兵不解。孩子们认真地说 ：“当然，因为虎和狼没有了，狗正处在一种安逸和放松的享乐状态中，在我们的生存游戏中，此时不但一只羊能吃掉它，两只鸡碰在一起都能把它消灭。没有了对手和较量，没有了危机和竞争，任何一种事物都会萎靡倦怠从而走向颓废甚至灭亡——我们的教科书上就是这么写的。”

“忧劳可以兴国，逸豫可以亡身”。险情环生时人们能睁大眼睛去拼搏，因此化险为夷 ；安逸享乐中却意志消退，锐气全无，结果一败涂地。

人生，需要忧虑，如果我们没有危机感，那么大到国家小到个体，就都会进入一种自满无知的状态。这种满足感就像酒精一样，麻木了人的感官，模糊了人的视线，使我们无法看到大局、长远目标，以及自身所面临的危机。

而当一个人面对巨大的灾难挑战时，他会恐惧、会紧张、会涌起抗争的冲动或挣脱的力量。至少，这是一种生的激情，即使他因此而失败，但这种失败依然会有一种悲剧性的力量。

没有危机感，危机四伏

21 世纪，没有危机感就是最大的危机。你想一成不变，可这个世界一直在变，并且它不会因为你的停顿而停滞不前。大形势要求我们必须做出改变。

看看那些身经百战的企业家是怎么说的 ：

微软的比尔 · 盖茨说 ：“微软离破产永远只有 18 个月。”

海尔的张瑞敏总是感觉 ：“每天的心情都是如履薄冰，如临深渊。”

联想的柳传志一直认为：“你一打盹，对手的机会就来了。”

百度的李彦宏一再强调：“别看我们现在是第一，如果你 30 天停止工作，这个公司就完了。”

别以为那都是企业家们的事情，事实上你的生活一样危险。在这个不断更新的社会中，一个人的成长过程就像是学滑雪一样，稍不留心就会摔进万丈深渊，只有心怀忧虑者才能幸存。

刘明旭曾在一家企业担任行政总监，而如今只是一名待业者。在他成为公司的行政总监之前，他非常能折腾自己，卖命地工作，并且不断地学习和提升自己。他在行政管理上的才华很快得到了老板的肯定，工作 3 年之后他被提拔为行政主管，5 年之后他就升到了行政总监的位置上，成了全公司最年轻的高层管理人员。

然而升官以后，拿着高薪，开着公司配备的专车，住着公司购买的华宅，在生活品质得到极大提升的同时，他的工作热情却一落千丈。他开始经常迟到，只为睡到自然醒；他也开始经常请假，只为给自己放个假；他把所有的工作都推给助手去做。当朋友们劝他应该好好工作的时候，他却说：“不需要那么折腾了，坐到这个位置已经是我的极限了，我又不可能当上老总，何必把自己折腾得那么辛苦？”

这时的他俨然把更多精力放在了享乐上。就这样，他在行政总监的位置上坐了差不多 2 年的时间，却没有一点拿得出手的成绩，又有朋友提醒他：“应该上进一点了，没有业绩是很危险的。”

没想到，他却不以为然：“我是公司的功臣，公司离不了我，老板不会卸磨杀驴！”

的确，公司很多工作确实离不开他。然而，他的消极怠工最终还是让老板动了换人的念头。终于有一天，当他开着车像往日一样来到公司，优越感十足地迈着方步踱进办公室时，他看到了一份辞退通知书。刘明旭就这样被自己的不思进取淘汰掉了。

被辞退了，高薪没了，车子退了，华宅也收回了，这时的他不得不去租一间小得可怜、上厕所都不方便的单间。

很多人都像上面这位老兄一样，自以为不可替代，其实，这个时代缺少很多东西，但独独不缺的就是人，所以，真的别顺从自己的那根懒筋。

人常说“知足是福”，的确，知足的人生会让我们体会到什么是美好，会让我们知道什么东西才值得去珍惜；但不满足也会告诉我们，其实我们还可以做得更好，我们还可以更进一步。所以，人生要学会知足，但不要轻易满足。在现代社会，竞争的激烈程度不言而喻，无论从事哪种职业，都需要一定的危机感。从某种程度上说，危机感也是一把双刃剑，有时人的危机感过于膨胀，的确会让人心力憔悴，甚至在压力下走向崩溃。可是，如果我们假设一下没有危机感的情形，就会发现，假如危机感消失，那么大到国家小到个体，就都会进入一种自满无知的状态。这种满足感就像酒精一样，麻木了他们的感官，模糊了他们的视线，使他们无法看到大局、长远目标，以及自身所面临的危机。

就像我们前面提到的刘明旭，无论他曾经多么的出色，无论他曾为公司作出过多少贡献，从他自我满足、不思进取的那一刻开始，他的一切就都将变得消极被动。

懒惰是不可轻饶的罪过

懒惰者，是思想的巨人，行动的矮子。懒惰是一种浪费，浪费的是比任何东西都宝贵的机会。

成功决不喜欢懒汉，要想在事业上取得成功，就要不懈地努力，只要你对工作持有巨大的热忱，并付出相应的努力，相信会有丰厚的回报。

美国人休斯·查姆斯在担任“国家收银机公司”销售经理期间，曾面临了一种最为尴尬的情况，该公司的财政发生了困难，很可能因此使他及手下的数千名销售员一起被“炒鱿鱼”。

这件事被在外头负责推销的销售人员知道了，并因此失去了工作热忱，开始偷懒。销售量开始下跌，到后来，情况极为严重，销售部门不得不召集全体销售员开一次大会，在全美各地的销售员都来参加这次会议。

查姆斯先生主持了这次会议。

首先，他请手下以往业绩最佳的几位销售员站起来，要他们说明销售量为何会下跌。每个人都有一段令人震惊的悲惨故事要向大家倾诉：商业不景气、资金缺少、人们都希望等到总统大选揭晓之后再买东西等等。当第五个销售员开始列举使他无法达到平常销售配额的种种困难情况时，查姆斯先生突然跳到一张桌子上，高举双手，要求大家肃静，然后，他说道：“停止，大会暂停10分钟，让我把我的皮鞋擦亮。”

然后，他命令坐在附近的一名黑人小工友把他的擦鞋工具箱拿来，并要这名工友替他把鞋擦亮，而他就站在桌上不动。

在场的销售员都吓呆了。他们有些人以为查姆斯先生突然发疯了。他们之中开始有人窃窃私语。在这同时，那位黑人小工友先擦亮他的一只鞋子，然后又擦另一只鞋子，他不慌不忙地擦着，表现出第一流的擦鞋技巧。

皮鞋擦完之后，查姆斯先生给了那位小工友10美分，然后开始发表他的演说。

“我希望你们每个人，”他说，“好好看看这个黑人小工友。他拥有在我们的整个工厂及办公室内擦皮鞋的特权。他的前任是位白人小男孩，年纪比他大得多，尽管公司每周补贴他 5 美元的薪水，而且工厂里有数千名员工，但他仍然无法从这个公司赚取足以维持他生活的费用。

“这位黑人小男孩不仅可以赚到相当不错的收入，不需要公司补贴薪水，每周还可以存下一点钱来，尽管他和他前任的工作环境完全相同，也在同一家工厂内，工作的对象也完全相同。

“我现在问你们一个问题，那个白人小男孩拉不到更多的生意，是谁的错？是他的错，还是他顾客的错？”

那些销售员不约而同大声回答说：

“当然了，是那个小男孩的错。”

“正是如此。”查姆斯继续说，“现在我要告诉你们，你们现在推销收银机和一年前的情况完全相同：同样的地区、同样的对象，以及同样的商业条件。但是，你们的销售成绩却比不上一年前。这是谁的错？是你们的错误，还是顾客的？”

同样又传来如雷般的回答：

“当然，是我们的错。”

“我很高兴，你们能坦率承认你们的错误。”查姆斯继续说，“我现在要告诉你们，你们的错误在于，你们听到了有关本公司财务发生困难的谣言，这影响了你们的工作热忱，因此，你们就不像以前那般努力了。只要你们回到自己的销售地区，并保证在此后 30 天内，每人卖出 5 台收银机，那么，本公司就不会再发生什么财务危机了，以后再卖出的，都是净赚的。你们愿意这样做吗？”

大家都说愿意，后来也果然办到了。

偷懒只会使人失去本该属于自己的机会。

只要有了目标，有了努力的热忱，就可以驱散心中的懒惰，从而激发出竞争的热情，使自己对机会抓得更紧，相应地，也会比原来取得更快更好的成绩。

越舒适的地方往往越危险

对渐变的适应性会使人失去戒备，一直停留在舒适而具有危险性的现状之中，接下来等待我们的可能就是灾难。生存的法则不允许我们安于现状，只有居安思危，才能长安久安。强大的敌人会使人奋起反击，甚至超常发挥战斗力，可怕的是在安逸的环境中，逐渐被腐蚀，人，一旦放松警惕，危险不期而至。

美国康奈尔大学做过一次有名的实验。经过精心策划安排，他们把一只青蛙冷不防丢进烧沸的油锅里，这只反应灵敏的青蛙在千钧一发的生死关头，用尽全力跃出了那几乎使它葬身的滚滚油锅，跳到地面安然逃生。

隔半小时，他们使用一口同样大小的铁锅，这一回锅里装的是冷水，然后把那只死里逃生的青蛙放在锅里。这只青蛙在水里不时地来回游动。接着，实验人员偷偷在锅底下用炭火慢慢加热。

青蛙不知究竟，仍然在微温的水中享受“温暖”，等它开始意识到锅中的水温已经使它承受不住，必须奋力跳出才能活命的时候，一切为时太晚。它欲试乏力，全身瘫痪，呆呆地躺在水里，终致葬身在铁锅里面。

突如其来的危险往往让人迅速做出反应，激发超乎寻常的防御能力，然而在安逸惬意的环境下往往会产生漫不经心的松懈，也是最致命的松懈，到死都还不知何故。一部分人又何尝不像这只青蛙呢？他们安于舒适的现状，固守着一成不变的生活，以至于形成惯性思维，最终导致自己的人生停顿不前，逐渐为社会所淘汰。

在现代社会，竞争的激烈程度不言而喻，无论从事哪种职业，都需要一定的危机感。从某种程度上说，危机感也是一把双刃剑，有时人的危机感过于膨胀，的确会让人心力憔悴，甚至在压力下走向崩溃。可是，我们假设一下没有危机感的情形，就会发现，如果危机感消失，那么大到国家小到个体，就都会进入一种自满无知的状态。这种满足感就像酒精一样，麻木了人的感官，模糊了人的视线，使人无法看到大局、长远目标，以及自身所面临的危机。21 世纪，没有危机感就是最大的危机。你想一成不变，可这个世界一直在变，并且它不会因为你的停顿而停滞不前。大形势要求我们必须做出改变：要么快速做出反应，要么在沉默中死亡。

别躺在过去的荣誉里酣然大睡

漫画《话当年》演绎了这样一个故事：曾在龟兔赛跑中取得胜利的乌龟，如今又和蜗牛进行赛跑，结果蜗牛爬上了山顶，而乌龟却因背上了“我曾经战胜过兔子”的包袱败北。这说明了一个深刻的哲理：躺在过去的成绩上睡大觉的人，早晚有一天会被不如自己的人超越。

时代是不断向前发展的，过去的成绩永远属于过去，不能代表现在和将来。想要更好地生存，就必须及时更新自我，只有不断学习新的技能、不断提升自身价值，才能增强自己的竞争优势，才不会被新锐力量所取代！

美国 ABC 晚间新闻当红主播——彼得 · 詹宁斯，曾一度辞去令人艳羡的主播工作。他毅然决定前往新闻第一线磨砺自己，这段期间，他从事过普通记者工作，做过美国电视网驻中东特派员，而后又被派往欧洲地区。

历练过后，当他再度回到 ABC 主播台时，已由略显青涩的“初生牛犊”，转型为成熟稳健的主播兼记者，他受观众欢迎的程度在台内简直无人可比，他的事业俨然又上升了一个高度。

彼得·詹宁斯的过人之处在于，他在跻身行业翘楚之列以后，并没有妄自得意、骄傲自满，而是选择将自己“下放”，继续为自己充电，从而使得自己的事业再次走向了高峰。毋庸置疑，彼得·詹宁斯的这种人生态度，是很值得我们学习的。对于我们而言，若想在人生之中有所建树，无论你身处哪一岗位、从事何种事业，都不能停下学习的步伐。你应该清楚地意识到，知识、技能是事业的基石。在它们能够支撑你的事业时，绝不能懈怠，令其落在时代后头；当它们不能达到事业要求时，你必须加重学习任务，以适应时代的变化。如此你会发现，在瞬息万变的信息时代，学习就是安身立命、开创天地的一把利器，只有通过学习来超越自我，你的人生才会更有意义。

反之，若是一味沉浸在以往的成就中洋洋自得，不思进取，不去学习适应社会发展的能力，你的人生就一定会受到阻碍，甚至停滞或是倒退。

背上负担，才会变得不简单

传说有一种名为蝜蝂的小虫，喜欢背东西。一边行走一边把东西放在背上，直到不堪重荷，却仍不断背上新的东西，直到力竭而死。

有人可怜它，便用手拿掉它背上的重物，让它轻松些。但这虫仍然把其他重物背起，结果还是被重物所压垮。

于是有人嘲笑蝜蝂的愚蠢，嘲笑它大可不必如此辛劳吃力以致因此绝命。但换个角度看，蝜蝂善负又何尝不是一种生命的大智慧——不断增加目标，才能使生命尽显价值。

有压力就有动力，这是物理学上的公理，也是人生的公理。挑着重担的人往往比空手步行的人走得快，其中的奥妙，便是压力的作用。

据说在西藏，牧民喂马时有这样一种传统，他们喂马，是用筐把草吊在很高的围栏上，而不是直接放在地上让马吃。牧民为什么要这样做呢？他们给出的答案是：有时候草质不好，这样的草放在地上，马不爱吃，用蹄子挑来挑去，把草糟蹋得不成样子，太浪费了。但你要是把草挂在它勉强能吃得到的地方，它就会不停地吃，直到把草吃个精光。

这不禁又让人想起另一个有趣的故事。

据说有个企业家的儿子好吃懒做，20几岁了还整天不务正业。企业家对儿子的未来很是担心。一天，企业家让儿子去赚200块回来，如果能够赚到就再奖励他400块。儿子大摇大摆地出门了，企业家的妻子怕从小娇生惯养的儿子吃不了苦，便偷偷塞给他200元。傍晚，儿子回来了，把200元钱交给了企业家。企业家一把将钱扔进了火炉，儿子丝毫不在意。

第二天，企业家仍叫儿子出去挣200块钱回来，这次他的妻子没有再给儿子塞钱。天已经完全黑了，儿子才一脸疲惫地回来，可他只挣了80元钱。企业家正要把钱放到火炉中，儿子急了，冒着手被烧伤的危险从火中把钱抢了回来。企业家终于满意地笑了。

没有余地，不给马挑拣的机会，它如果不努力吃高处的草，就要挨饿；对于自己辛苦赚来的钱才知道心疼，富二代如果不努力赚钱，将来也要受穷。人，生于忧患，死于安乐。如果贪图安逸，不思进取，那么到头来只能被社会所淘汰，给自己一副担子，虽然沉重，但挑起来了，也就挑起了希望。

你的人生或许就缺一根刺

人生需要刺激，就犹如一堆烈燥的干柴，如果不遇火星，就无法燃烧，就是永远的多余、无用、丑陋。

很多时候，将人击垮的，并非是巨大的挑战，而是琐事构成的倦怠。因为它们实在太微不足道，而你又无法摆脱它，在这个过程中，你得不到任何补偿，只会不断地无休无止地被耗费，变得疲倦懈怠。

十一假期，李炜来了一次说走就走的旅行，到文化底蕴深厚、风景四季如画的江南城市一番畅游。大学室友热情接待了他，还带他参观了自己所在的外资企业，并给他详细介绍了公司里的各种待遇和良好的工作氛围。室友说，他现在的月薪有 7000 多，好的时候能达到 1 万以上。这让在东北小城事业单位按部就班、每月拿着 2000 多元工资的李炜艳羡不已。学的是同样的专业，拿的是同样的文凭，能力也相差无几，所处的环境和待遇却相差如此之大，李炜不禁有些怅然若失。

临走前，室友约他一起去登山。狭窄的山路荆棘丛生，李炜不小心被划破了手臂，血一下子流了出来。李炜感到十分疼痛，心里不禁有些奇怪，以往也被划伤过，无论伤口多深，流了多少血，并不觉得怎么疼，可今天为何疼痛的感觉如此明显呢？李炜将自己的感触说给室友听，室友笑了笑，说道 :“要我说，你这是酸葡萄心理在作怪。在此之前，你已经习惯了一杯茶、一支烟、一张报纸看半天的机械式生活，在那种一成不变的工作环境里，你对自己的工作、收入、社会地位都很满意，安于现状的你已被磨出了一层厚厚的老茧，所以即便有一些小小的伤，你也不会感觉有多疼。对你来说，这些小伤小痛无所谓啊，反正一切都有保障。可是当你接触了不一样的环境以后，你的心态有了变化，新鲜的东西，更好的工作环境、待遇，就像尖锐的刺一样，直接扎到了你心里，你不疼才怪呢。要我看，你就应该让自己多碰碰刺才对。”

室友的话让李炜感到十分惭愧。是啊，这些年自己早已习惯了那种按部就班的生活和工作状态，忽略了它们所带来的惰性，现如今，这种惰性已经扎根在心里，竟让自己几近麻木了，如果不是这次旅行被“刺”了一下，自己依然在感觉良好，不思进取，故步自封呢！

回来后，李炜认真调整了自己的心态，不再被动接受任务，而是主动承揽工作，不再茶余饭后打麻将、扯闲篇，而是重拾当年的兴趣，提笔开始创作。他把工作当作享受，把写作当作快乐，各个方面都有了很大的起色和转变。这一切，都应该感谢自己被“刺”的那一下吧。

人生，最糟糕的境遇不是贫困，不是厄运，而是精神上处于一种无知无觉的疲惫状态，感动过你的一切不能再感动你，吸引过你的一切不能再吸引你，甚至激怒过你的一切也不能再激怒你，即便是饥饿感与仇恨感，也是一种能让人强烈地感到自己存在的东西，但那种疲惫却会让人止不住地滑向虚无。

热火的灼烧虽然令人疼痛，却能够帮人摆脱柴堆的那种多余、无用和丑陋；心里有刺虽然不好受，却足以让心灵抖落倦怠的尘，露出它内部的光。

人生需要刺激，它可以是爱，可以是恨，可以是疼，可以是痛，可以是酸甜苦辣，无论是什么，请都不要拒绝。

把斧头磨快，才能砍到更多柴

在就业问题日益严峻的今天，日常生活和工作需要人们不断更新自己，学习就是在适应社会发展，也是我们在社会中发展的必要条件。

“人不光是靠他生来拥有的一切，而是靠他从学习中所得到的一切来造就自己。”现在，我们大多数人都拥有一份足以养家糊口的工作，但这远远不够！工作的意义不止于此。如何在工作中体现自己的价值？如何利用自己的价值创造社会价值？这是每一个成功者都曾考虑过的问题，他们最终找到了答案，那就是以一颗充满热情的心去工作、去学习，永不懈怠。

师旷劝学是古话，我们未能身临其境，但这种学风，却活生生地摆在我们面前，实实在在地发生在我们身边，不但可以亲眼目睹，而且还可以感受到这种精神对于心灵的震撼。

“我一生都在教育界和学术界里‘混’”季羡林先生如是说，“这是通俗的说法。用文雅而又不免过于现实的说法，则是‘谋生’。这也并不是一条平坦的阳关大道，有‘山重水复疑无路’，也有‘柳暗花明又一村’。回忆过去60年的学术生涯，不能说没有一点经验和教训。迷惑与信心并举，勤奋与机遇同存。把这些东西写了出来，对有志于学的青年们，估计不会没有用处的。这就是‘一拍即合’的根本原因。”

季羡林先生的治学禀赋超乎寻常，他的学识不但广而且深，可谓边活边学，不知疲倦。以他研究过的《浮屠与佛》为例，从 1947 年用汉、英两种文字发表此文，其中有些问题由于当时条件有限感觉不太满意。直到 1989 年，历时 40 余年，不断搜集资料，又写一篇《再谈“浮屠与佛”》，解决了那些问题。

每一位学者即使自己的才识再如何了得，也都说自己是无知的孩童，当然，他们这样的说法是对的。学习是认识的一种，认识具有无限性和反复性，依此而言，学习应当是一个永无止境的过程。换而言之，学习的概念应该是“没有最好，只有更好”。这种理念追求的是一种超越，是否定无知的自己而进入更高层次的人生境界。

成功学中有这样一个故事：

年轻樵夫上山砍柴，不久，又来了一位老樵夫。傍晚时分年轻樵夫发现，老樵夫虽然来的晚，但砍的柴却比他多，于是暗下决心，明天要更早到山上砍柴。

第二天，年轻樵夫很早就到了林子中，心想：“今天我砍的柴一定比他多。”没想到，他又输给了晚来的老樵夫。

第三天，年轻樵夫决定，不但要比老樵夫早到，还要比他晚归。然而，在年纪与时间都占绝对优势的情况下，他仍旧比不上老樵夫的效率。第四天、第五天，依旧如此。

到了第六天，满腹疑问的年轻樵夫终于忍不住了，他向老樵夫请教：“为什么我比你早到、晚归，又比你年轻有力气，可砍的柴却比你少？”

老樵夫的话非常有哲理，他说：“我每天下山以后，第一件事就是磨斧头。可是你下山以后，就只知道休息。事实上，斧头已经被你砍钝了，所以，虽然我比你老、比你晚到、比你早回，但我的斧头却比你锋利，我只砍五刀树就倒了，你却要砍十几刀。”

类似的场景在生活中极为常见，譬如我们在这里强调学习，有的人就会抱怨“又要工作又要照顾生活，哪有时间学习？”这个时候，建议大家想想“两个砍柴人”的故事。假如我们一直在砍柴，却忘了把斧头磨锋利，那么总有一天会落于人后的。

学习，就是我们的生存利器。在过去的时代，或许只要努力“砍柴”就能生存，但现如今，事物变化之快令人惊叹，这种大环境下，光砍柴是不够的，而是要一边砍一边磨斧头，因为，如果今天你不活在未来，那么明天就会活在过去。

/02/ 挑战曾经的恐惧，尝一尝勇敢者的美妙

风险永远是与机遇并存的，万无一失就意味着止步不前，对于我们的人生来说，那才是最大的风险。有时成功和失败就只在一念之间，遇到事情，做了就不会后悔，不做永远也不知道结果会如何。想做就要去做，哪怕会失败。也不要因为错过而后悔。

这些年，你就输在胆小上

在胆小怕事和优柔寡断的人眼中，一切事情都是不可能办到的，因为乍看上去似乎如此。每天，许多天才都因缺乏勇气而在这个世界消失。每天，无数默默无闻的人被送入坟墓，他们由于胆怯，从未尝试着努力过；他们若能接受诱导起步，就很有可能功成名就。

一个园艺师向一个日本企业家请教："社长先生，您的事业如日中天，而我就像一只蝗蚁，在地里爬来爬去的，一点没有出息，什么时候我才能赚大钱，能够成功呢？"

企业家对他说："这样吧，我看你很精通园艺方面的事情，我的工厂旁边有2万平方米空地，我们就种树苗吧！一棵树苗多少钱？"

"50元。"

企业家又说："那么以一平方米种两棵树苗计算，扣除道路，2 万平方米大约可以种 2.5 万棵，树苗总成本是 125 万元。你算算，5 年后，一棵树苗可以卖多少钱？"

"大约 3000 元。"

"这样，树苗成本与肥料费都由我来支付。你就负责浇水、除草和施肥工作。5 年后，我们就有上千万的利润，那时我们一人一半。"企业家认真地说。

不料园艺师却拒绝说："哇！我不敢做那么大的生意，我看还是算了吧。"

一句"算了吧"，就将摆在眼前的机会轻易放弃，每个人都梦想着成功，可又总是白白放走了成功的契机。成功，显然是需要胆识的。

其实，每个人都有一个好运降临的时候不能领受，但他若不及时注意或竟顽固地抛开机遇，那就并非机缘或命运在捉弄他，这要归咎于他自己的疏懒和荒唐，这样的人最该抱怨的其实是自己。机遇对于每个人来说都是平等的，问题是，它来了，你又在做什么、想什么？你是不是只看到了其中的危机，然后畏首畏尾无所作为呢？危机，对于胆大的人来说，是避开危险后的财富机会，而对胆小的人来说，则眼睛只会看到危险，白白浪费和错过机遇。这个社会虽然很复杂，但机会对每一个普通百姓来说其实是平等的。

我们身边每天都会围绕着很多的机会，包括爱的机会。可是我们经常像故事里的那个人一样，总是因为害怕而停止了脚步，结果机会就这样偷偷地溜走了。那么现在想一想，细数一下，这些年来你因为胆小都失去了什么？此刻，在你的生命里，你想做什么事，却没有采取行动；你一直有个目标，却没有着手开始；你想承担某些风险，却没有勇气去冒险……这些，恐怕多得连你自己都数不清吧？也许一直以来你都在渴望做这些事，却一直耽搁下来，是什么因素阻止了你？

是你的恐惧！恐惧不只是拉住你，还会偷走你的热情、自由和生命力。是的，你被恐惧控制了决定和行为，它在消耗你的精力、热忱和激情，你被套上了生活中最大的枷锁，就是活在长期的恐惧里——害怕失败、改变、犯错、冒险，以及遭到拒绝。这种心理状态，最终会使你远离快乐，丢失梦想，丧失自由。但你如果能够远离了恐惧、远离了懒惰、远离了无知、远离了坏习惯，你就会很快远离平庸与贫穷！

真正的灾难，是惧怕灾难

一个人要是跌进水里，他游泳游得好不好是无关紧要的，反正他得挣扎出去，不然就得淹死。逆境来时勇敢地尝试改变它，你可能创造历史；不敢改变，你就可能成为历史。

米契尔遭受了两次常人难以忍受的灾难。

第一次意外事故，把他身上65%以上的皮肤都烧坏了，面目可怖，手脚变成了不分瓣的肉球，为此他动了16次手术。手术后，他无法拿叉子，无法拨打电话，也无法一个人上厕所，但曾是海军陆战队队员的米契尔从不认为他被打败了。面对镜子中难以辨认的自己，他想到某位哲人曾经说："相信你能你就能！""问题不是发生了什么，而是你如何面对它。"他说："我完全可以掌握我自己的人生之船，我可以选择把目前的状况看成是倒退或是一个起点。"

他很快从痛苦中解脱出来，几经努力、奋斗，变成了一个成功的百万富翁。米契尔为自己在科罗拉多州买了一幢维多利亚式的房子，另外还买了房产、一架飞机及一家酒吧。后来，他和两个朋友合资开了一家公司，专门生产以木材为燃料的炉子，这家公司后来成为佛蒙特州第二大的私人公司。

意外事故发生后4年，他不顾别人苦苦规劝，坚持要用肉球似的双手学习驾驶飞机。结果，他在助手的陪同下升上了天空后，飞机突然发生故障，摔了下来。当人们找到米契尔时，发现他的脊椎骨粉碎性骨折，他面临的将是终身瘫痪。家人、朋友悲伤至极，他却说："我无法逃避现实，就必须乐观地接受现实，这其中肯定隐藏着好的事情。我身体不能行动，但我的大脑是健全的，我还有可以帮助别人的一张嘴。"他用自己的智慧，用自己的幽默去讲述能鼓励病友战胜疾病的故事。他到哪里笑声就荡漾在哪里。

在厄运的重创下，米契尔仍不屈不挠，日夜努力使自己能达到最高限度的独立。他被选为科罗拉多州孤峰顶镇的镇长，以保护小镇的美景及环境，使之不因矿产的开采而遭受破坏。米契尔后来也曾竞选国会议员，他用一句"不要只看小白脸"的口号，将自己难看的脸转化成一项有利的资产。

一天，一位护士学院毕业的金发女郎来护理他，他一眼就断定这就是他的梦中情人，他将他的想法告诉了家人和朋友，大家都劝他：别再痴心妄想了，万一人家拒绝你多难堪呀！他说："不，万一成功了呢？万一她答应了呢？"米契尔决定去抓住哪怕只有万分之一的可能，他勇敢地向那位金发女郎约会、求爱。结果两年之后，那位金发女郎嫁给了他。米契尔经过不懈的努力，成为美国人心目中的英雄，也成为美国坐在轮椅上的国会议员，拿到了公共行政硕士学位，并持续他的飞行活动、环保运动及公共演说。

米契尔说："我瘫痪之前可以做1万种事，现在我只能做9000种，我可以把注意力放在我无法再做的1000件事上，或是把目光放在我还能做到的9000件事上，告诉大家我的人生曾遭受过两次重大的挫折，如果我能选择不把挫折拿来当成放弃努力的借口，那么，或许你们可以从一个新的角度，来看待一些一直让你们裹足不前的经历。你可想开一点，然后你就有机会说：或许那也没什么大不了的！”

要抓住万分之一的机会，可不是那么容易的，必须要有积极、乐观的人生态度；只有凡事往好处想，才能视困难为机遇和希望，才能迎难而上，增添生活的勇气和力量，战胜各种艰难险阻，赢得人生与事业的成功，那万分之一就成了百分之百。

葬送你的不是危机，是听天由命

危机总是突如其来，有人为它烦恼，有人为它哭泣，也有人为它改变。正确对待危机，我们将离成功更近一步；消极地对待危机，我们将会被危机困住，最终走向失败。

一个由7名探险家组成的团队在崇山峻岭中穿行，他们经过一座险恶的石山下时，山体发生崩裂，十几块巨石轰然而下，7名探险家中有6人瞬间被乱石砸死，而唯一幸存的那位只是受了点轻伤。事后，媒体问他：“你只是侥幸没有被石头砸中吗？”“不是，”探险家说，“当头上有东西掉下来时，绝大多数人的反应，第一是把眼一闭，第二是把头一缩，其实这对于避开危险没有任何用处。我面对危险抬起了头，从而得以避开巨石的袭击。”

在危机发生的时候，不要对危机产生过分的恐惧，而应尽一切可能去挽救。只有这样，才能最大限度地躲避人生中的灾难，尽可能完好地生活在这个充满危机的世界上。

美国的“波音公司”和欧洲的“空中客车公司”曾为争夺日本“全日空”的一笔大生意而打得不可开交，双方都想尽各种办法，力求争取到这笔生意。由于两家公司的飞机在技术指标上不相上下，报价也差不多，“全日空”一时拿不定主意。

可就在这关键时刻，短短两个月的时间里，就发生了3起波音客机的空难事件。一时间，来自四面八方的各种指责向着波音公司扑面而来，“波音公司”产品质量的可靠性受到了前所未有的质疑。这对正在与“空中客车”争夺的那笔买卖来说，无疑是一个丧钟般的讯号。许多人都认为，这次“波音公司”肯定要败下阵来了，但“波音公司”的董事长威尔逊却不这样想。他马上采取了补救措施，向公司全体员工发出了动员令，号召公司全体上下一起行动起来，采取紧急应变措施，力闯难关。

他先是扩大了自己的优惠条件，答应为“全日空”航空公司提供财务和配件供应方面的便利，同时低价提供飞机的保养和机组人员培训；接着，又针对“空中客车”飞机的问题采取对策，在原先准备与日本人合作制造A–3型飞机的基础上，提出了愿和他们合作制造较A–3型飞机更先进的767型机的新建议。空难前，波音原定与日本三菱、川琦和富士三家著名公司合作制造767客机的机身。空难后，波音不但加大了给对方的优惠，而且还主动提供了价值5亿美元的订单。通过打外围战，波音公司博取到日本企业界的普遍好感。在这一系列努力的基础上，波音公司终于战胜了对手，与“全日空”签订了高达10亿美元的成交合同。这样，波音公司不光渡过了难关，还为自己开拓了日本这个市场，打了一场反败为胜的漂亮仗。

出现危机并不可怕，可怕的是被危机吓得跌倒在地，自暴自弃。危机未必就是坏事，它有时反而会成为一个新的契机。所有的坏事情，只有在我们认定它不好的情况下，才会真正成为不幸事件。

所以，凡事多往好处想，面对阳光，你就看不到阴影。只要凡事肯向好处想，自然能够转苦为乐、转难为易、转危为安。

为了未来的阳光，冒一点险又何妨

我们可能经常面临一些恐惧的情境，那是因为生活里总是充满着危险，我们并不认为危险必须要去避免。有些风险可能值得我们去尝试，勇敢战胜，可能给我们带来很大收获，逃避不是办法，我们认为只要看准是正确的事情就应该去做。

一位心理学家到托拉斯州的威奇托城演讲，要到达目的地他必须乘飞机从纽约到辛辛那提去，路程大概有 900 千米。毕奇航空公司的老板毕奇夫人，很慷慨地借给他一架飞机并给他配备了一位驾驶员。当他们飞到密西西比州上空时，本来晴朗万里的天空一下子变得雾蒙蒙的，能见度极低。“我们必须飞过雾气层，”驾驶员说，“因为地面的热气、尘土和烟雾常会引起低空的薄雾。这样危险极大，要保证安全我们必须要再飞高 1000 英尺，飞到雾气上方去。”当飞机升高后，他们果然进入了一个完全不同的世界。更上层的天空晴朗无比，能见度非常高，是适合飞行的绝好天气。这个例子所蕴涵的哲理是：当我们向未知的领域前进一步时，可以发现更蓝的天空。

我们的生活是复杂的，也是变化多端的。有时没有什么风浪，有时险象环生；有时丽日晴空，有时风雨雷电；有时鲜花盛开，有时满路荆棘。面对多样复杂的生活，如何唱响成功的主旋律？成功者的回答是：勇于面对风险，不向恐惧屈服，大胆去开拓和创造。

如果我们的生活总是波澜不惊，千篇一律，这样机械单调的生活，如何激发人们的热情和朝气？如果今天总是一成不变地重复着昨天的故事，每天毫无变化地生活着，连婴儿也很难健康茁壮地成长及增长智慧。人们希望长寿，希望过好日子，希望在不远的将来有全新的格局出现。因此只有鼓起打破陈规陋习的勇气，不为传统所束缚、吓倒，生命才有意义。

虽然我们不知道未来是什么样子，但至少了解，未来存在着成功的可能性，未来就好像一个冥然无知的黑洞，靠我们去探索、去发现，让它充满阳光和希望。要打破这未知的黑洞需要有冒险的精神，也需要有战胜恐惧的胆识和勇气。康德说："在人的心中有一种追求无限和永恒的倾向。这种倾向在理性中的最直观表现就是冒险。"因此，有人把世界看成是一个赌场，看成是冒险家的乐园。只有勇敢冒险，直面恐惧，不胆怯，不逃避，具有战胜危险的决心的勇士，才能真正体验到生活的激情和快感，才有成为强者的更大机遇。

不经历无数次的冒险，人类不可能从茹毛饮血的原始社会，进化到现代能够坐在装有中央空调的房子里品尝咖啡的时代。

哥伦布发现新大陆，诺贝尔发明炸药，哥白尼创立天体运动论……这些历史上的著名事件，都开始于冒险。这些给人类带来重大改变的英雄，无一不是直面恐惧的勇士。只有具有大无畏的胆识，敢于怀疑并打破过去的不合理秩序，通过冒险克服困难而取得胜利后，才能真正享受到成功的喜悦。

挑战高难度，才会有新高度

成功与失败皆取决于思想的力量。掌控你自己的思想，你就能把握成功。

成功只属于有追求、敢拼搏的勇士，对于容易被人生中种种困难所恐吓和束缚的人来说，成功永远是一个美丽的、遥不可及的梦，只能存在于“如果人生可以重来”的想象之中。

不敢向高难度挑战，是对自身潜能的束缚，只能使自己的无限潜能浪费在无谓的琐事中，与此同时，无知的认识还会使人的天赋减弱。这就是在作茧自缚，是你消极的思想将自己固定在了一个界限之中，但事实上，这个界限并非不可突破。

想要突破界限，化茧成蝶，首先就要从心做起。你的心有多大，世界就有多大；心的宽度，就是你世界的宽度。它可以帮助你超越困难、突破阻挠，最终达成你的期望。

其实，任何障碍都不是失败的理由，那些倒在困难面前的人，只是在心里将困难放大了无数倍。这种行为的实质就是“自我设限”，是一种消极的心理暗示，它使我们在远未尽力之前就说服自己“这不可能……”，于是我们的心会首先投降——“我不会。我完成不了……”放纵自己这样想的人很难成功，因为他已经在潜意识中停止了对成功的尝试。而事实上，这世上没有那么多不可能。

1英里赛跑，当第一个职业运动员竭尽全力，用4分钟跑完全程后，全世界所有运动专家、生理学家都断言：4分钟跑1英里是人类的极限，不可能有人突破。但是，一个名不见经传的教练，用并不复杂的方法，最先帮助一位业余运动员突破了这个限制。他把1英里分成8等份，根据选手体能，计算出通过每等份应该用的时间。然后在每个等份处都有一个小教练掐秒，报告给运动员：“太快了，悠着点儿！”“慢了，该加油冲了！”有意思的是，这个最早突破“极限”的人竟然是个医学院学生！此后，所有职业运动员都能突破这个所谓“生理极限。”

还有这样一件事。有个中学生，在一次数学课上打瞌睡，下课铃声把他惊醒，他抬头看见黑板上留着两道题，就以为是当天的作业。回家以后，他花了整夜时间去演算，可是没结果，但他锲而不舍，终于算出一题。第二天，他把答案带到课堂上，连老师都惊呆了，因为那题本来已被公认无解。假如这个学生知道的话，恐怕他也不会去演算了，不过正因为他不知道此题无解，反而创造出了“奇迹”。

这都是真实发生过的故事。可以看出，不是环境也不是遭遇能够决定人的一生，而是看人的心处于何种状态，这就决定着一个人的现在也决定着他的未来。

审视曾经的失败你会发现：原来在还没有扬帆起航之前，许多的“不可能”就已经存在于我们的假想之中。现在你明白了，很多失败不是因为“不能”，而是源于“不敢”。不敢，就会带来想象中的障碍。

所以我们必须告诉自己的心：没有绝对的不可能，只有自我的不认同——不认同勇气，不认同坚持，不认同自身的潜能，所以才逃避，自然也就难与成功握手！

接下来，你必须向极限发出挑战，这是获得高标准生存的基础。在当今这个竞争激烈的大环境下，如果你一直保守地让自己处于一种“不求有功但求无过”的状态中，不敢向自己的极限挑战，那么在竞争的对抗中，就只能永远处于劣势。当你羡慕、甚至是嫉妒别人的成功时，你要明白，他们的成功绝不是幸运，亦不是偶然。他们之所以有今天的成就，很大程度上，是因为他们敢向高难度发起挑战。在纷扰复杂的社会上，若能秉持这一原则，不断磨砺自己的生存利器，不断寻求突破，就能占有一席之地。

多余的顾虑卸载了人生的机遇

有个朋友说，自己的工作没有前途，他一直都想走，但一直没下这个决心，心里很不甘心，因为他顾虑太多。现在成了家，有了孩子，就更不敢轻举妄动了，也许就这样一辈子了。不甘心却无奈！

顾虑太多，永远不能迈出向前突破的艰难一步，不能给自己的未来做决定，也就只能混一辈子。所以，不要顾虑太多，确定了要做什么就勇敢地去做，这样既避免浪费时间，又免得伤神。谨慎一点固然没错，但过度的谨慎就成了畏缩。有的事错过了可以重来，然而，有的事一旦错过，就不可能再有第二次。

一位中国留学生应聘一位著名教授的助教。这是一个难得的机会，收入丰厚，又不影响学习，还能接触到最新科技资讯。但当他赶到报名处时，那里已挤满了人。

经过筛选，取得考试资格的各国学生有 30 多人，成功希望实在渺茫。考试前几天，几位中国留学生使尽浑身解数，打探教授的情况。几经周折，他们终于弄清内幕——教授曾在朝鲜战场上当过中国人的俘虏！

中国留学生这下全死心了，纷纷宣告退出："把时间花在不可能的事上，再愚蠢不过了！"

这位留学生的一个好朋友劝他："算了吧！把精力匀出来，多刷几个盘子，挣点儿学费！"但他没听，而是如期参加了考试。最后，他坐在教授面前。

教授考察了他许久，最后给他一个肯定的答复："OK！就是你了！"接着又微笑着向："你知道我为什么录取你吗？"

年轻留学生诚实地摇摇头。

"其实你在所有应试者中并不是最好的，但你不像你的那些同学，他们看起来很聪明，其实再愚蠢不过。你们是为我工作，只要能给我当好助手就行了，还扯几十年前的事干什么？我很欣赏你的勇气，这就是我录取你的原因！"

后来，年轻留学生得知，教授当年是做过中国军队的俘虏，但中国兵对他很好，根本没有为难他，他至今还念念不忘。

这个留学生就是吴鹰——UT斯达康公司的中国区总裁，《亚洲之星》评出的最有影响力的50位亚洲人之一。

许多人的脑子太复杂，总爱自作聪明，认为机遇总是属于那些最聪明、最优秀的人才，轻易否定自己，结果浪费了机遇，因此，他们往往还没有走到挑战的边缘就从心理上败下阵来。不如想得简单一些，尝试一下再说。也许，好运就在突破顾虑的那一扇门后面。

越是忐忑犹豫，越是鸡飞蛋打

有一位作家说过："世界上最可怜又最可恨的人，莫过于那些总是瞻前顾后、不知取舍的人；莫过于那些不敢承担风险、彷徨犹豫的人；莫过于那些无法忍受压力、优柔寡断的人；莫过于那些容易受他人影响、没有自己主见的人；莫过于那些拈轻怕重、不思进取的人；莫过于那些从未感受到自身伟大内在力量的人，他们总是背信弃义、左右摇摆，自己毁坏了自己的名声，最终一事无成。"

一天，有一个在恋爱中的年轻人很想到他的恋人家中去，约他的恋人出来，一块儿消磨一个下午。但是，他又犹豫不决，不知道他究竟应该不应该去，恐怕去了之后，或者显得太冒昧，或者他的恋人太忙，拒绝他的邀请。于是他左右为难了老半天，最后，他勉强下决心去了。

但是，当车一进他恋人住的巷子时，他就开始后悔不该来：既怕这次来了不受欢迎，又怕被恋人拒绝，他甚至希望司机把他现在就拉回去。

车子终于停在他恋人家的门前了，他虽然后悔来，但既来了，只得伸手去按门铃。现在他好希望来开门的人告诉他说："小姐不在家。"他按了第一下门铃，等了3分钟，没有人答应。他勉强自己再按第二下，又等了2分钟，仍然没有人答应。于是他如释重负地想："全家都出去了。"

于是他带着一半轻松和一半失望回去了，心里想：这样也好。但事实上，他很难过，因为这一个下午没法安排了。

你能猜到他的恋人当时在哪里吗？他的恋人就在家里，她从早晨就盼望这位先生会突然来找她，带她出去消磨一个下午。她不知道他曾经来过，因为她家门上的门铃坏了。那位先生如果不是那么瞻前顾后，如果他像别人有事来访一样，按门铃没人应声，就用手拍门试试看的话，他们就会度过一个快乐的下午了。但是他并没有下定决心，所以他只好徒劳而返，让他的恋人也暗中失望。

瞻前顾后的行动习惯使人丧失许多机会。很多时候，很多事情，如果我们能横下一条心去做，事情的结果就会大不相同。

有个人听说某公司招考一个职员，这公司的待遇优厚，远景也好，他很想去试试。但是他怕自己能力不够，又怕万一考不取丢脸。于是他犹豫着，没有下决心。直到最后，他发现另外一个比他条件差得远的人居然考取了，他才后悔自己为什么不去试一试。

许多事是应该用勇气和决心去争取的。有一位先生，他是某公司经理，他有一种不允许别人有机会扰乱他意志的长处。往往在别人还在他旁边啰啰嗦嗦地叙述事情的困难的时候，他已经把他的办法拿出来了，干净利落，决不拖泥带水。

他那种明快果决的本领，十分使人折服。而我们一般人，却常常做不到这样。当我们遇到问题的时候，时常并不是对这问题的本身不能理解，而是我们往往被枝节的问题所困扰，因为我们太容易被周围人们的闲言碎语所动摇，太容易瞻前顾后、患得患失，以至于给外来的力量一种可以左右我们的机会。谁都可以在我们摇晃不定的天平上放下一颗砝码，随时都有人可以使我们变卦，结果弄得别人都是对的，自己却没有主意。这真是我们成功途中的一个大障碍。

要想扫除这种障碍，自然第一得先训练自己对真理的判断能力。但最重要的还是要训练自己在判断之后，坚定、勇敢、自信地去把这个判断付诸行动。

对一个坚定地朝向他的目标前进的人，别人一定会为他让路。而对一个踟蹰不前、走走停停的人，别人一定会抢到他前面去，决不会让路给他。

那么，如何克服这种阻碍我们成功的习惯呢？经验证明以下方法卓有成效，不妨可以去试：

做事时，要有“今天是我们生命中的最后一天”的“荒诞”意识。

“假如今天是我生命中的最后一天”，这是美国畅销书《世界上最伟大的推销员》的作者奥格·曼狄诺警示人生的一句话。真的，无论是谁，无论是想干一件什么事，如果优柔寡断的话，就会一事无成。而这种意识，恰恰是一把利刃，可立即斩断你的忧思愁缕；也像一口警钟，督促你当机立断，刻不容缓。

同时你还要甩下包袱不顾一切，要有一种豁出去的心态。“大不了就是做错了”，“大不了就是被人笑话一顿”，而这些又能对你怎么样呢？一旦你有了这样一种意识，肯定就会敢做敢当，优柔寡断的现象肯定会在你身上消失得无影无踪。

不要小看了优柔寡断的习惯给我们带来的副作用，许多足以改变命运的契机，都因为我们的优柔寡断而与我们失之交臂，永不再来。所以我们一定要提醒自己：时刻想到，时刻去做，不要想得太多。

别人不敢做的，也许正是你该做的

社会的发展日新月异，人的消费意识和消费品位也趋于从大众化走向个性化。以自己独具个性的产品适合消费者的个性消费，这已是摆在新世纪经商者面前回避不了的课题。所谓个性产品，就是要为自己的产品制造“人无我有”的营销氛围。

在“人无我有”的意识上，再往下引申，那就是为赚钱敢于为他人所不为，做他人所不做。

现在的商战，就是快鱼吃慢鱼，只要你想得比别人早，动作比别人快，你就能够获得成功！

机会处处都在，只是有些人不敢去想，有些人不敢去做。因此，有的人去想了，也去做了，所以他们成功了。2002年韩日世界杯开战前，当韩国商人指望赚中国球迷的钱时，有一个中国球迷却异想天开，要赚韩元。2002年6月底，他携女友从韩国看球归来时，果真带回1亿多韩元，约合人民币100余万元。看“世界杯”，竟然让他成了百万富翁！

这个不同寻常的小伙子名叫蒋超。

刚满 30 岁的蒋超是湖南长沙一家电脑公司的销售员。蒋超想，世界杯开赛之际，一定有很多商机，但是走许多人想到的发财之路，很难发财，一定要赚别人想不到的钱。

蒋超和女友随旅行团来到了韩国。有心赚韩元的蒋超，果断决定不同女友一起去西归浦看中国队的比赛，而是选择了前往韩国队首场比赛的地点——釜山。

蒋超独自来到釜山。他发现当地商人在出售价格不菲的铜制“大力神杯”。蒋超心中一动：这种铜制品又贵又沉，自己何不用塑料泡沫仿制呢？这样，又便宜又能带入赛场，这样球迷们肯定更喜欢。

说干就干，第二天一大早，蒋超就买回了原料和工具，在宾馆里做起了他的“大力神杯”，做完后用金粉一刷，嘿，还真像那么回事！兴奋之下，他没日没夜地赶工，韩国队与波兰队的比赛开始前，他已经赶制出了 152 只漂亮的“大力神杯”。

比赛当天，蒋超将这些“大力神杯”拉到了釜山体育场的入口处叫卖，每只 1 万韩元。但无人问津，蒋超在心里默默祈祷：韩国队，只有你们赢了，我的这些产品才卖得出去啊！

开赛第 25 分钟，韩国队先入一球，体育场内顿时欢声雷动，蒋超凭直觉感到韩国队今天会大胜，便立刻叫雇来的那个人火速去收购商场里的韩国国旗，一共买到了 1000 余面。蒋超决心放胆赌上一把。

比赛的结果韩国队以 2 ：0 干脆利落地击败了波兰队，极度兴奋的韩国球迷们冲出球场，大肆庆祝韩国队的胜利。这时，蒋超摆放在那儿的韩国国旗和“大力神杯”顿时成了抢手货，它们很快便被抢购一空。兴奋的球迷们甚至连价格都不问，拿了东西丢下 10 万、20 万韩元就走。当天夜里，在韩国人排山倒海的欢呼声中，疲惫不堪的蒋超开始盘算他的收益：扣除各项成本，他净赚 1000 万韩元（约合 7 万元人民币）。

首战告捷，更坚定了蒋超“赚韩元”的信心。第二天，蒋超立马赶赴韩国队第二轮比赛的城市大丘。在他的鼓动下，女友也改变了原来的游览计划，赶来大丘与他会合。两人夜以继日地赶制塑料泡沫“大力神杯”。眼见韩国队荷兰籍主教练希丁克在韩国的威望日升，精明的蒋超不仅定制了荷兰国旗，还特意找当地人印制了希丁克的画像。他的成本价才 25 韩元的“大力神杯”，最高甚至卖到了 15 万韩元一只。

蒋超和女友收获最大的还是在仁川，这次他们多了个心眼，赛前仅出售了一半带来的“大力神杯”和韩、荷两国国旗。他们决定把另一半生意做到比赛现场。

这次比赛，韩国队击败了夺冠大热门葡萄牙队。看台上的韩国人都疯狂起来了。蒋超和女友仅在现场批发、零售希丁克的画像就赚了 2000 万韩元。

赛后，首次冲进 16 强的韩国人足足庆祝了三天三夜，而这三天三夜的庆祝又带给了蒋超他们上千万韩元的进账！韩国队八分之一决赛的对手，是曾三夺世界杯的老牌劲旅意大利队。除了韩国人自己，几乎没有人相信韩国队能过这一关。这一次连蒋超也犹豫了。他关在宾馆里反复观看了两队在小组赛的录像。最后，他得出一个让女友都极力反对的结论：韩国队很可能爆冷门战胜意大利队。蒋超决定再赌一把。他收购了赛场所在地大田市场所有商场的“大力神杯”仿制品，同时，自己雇用工人连夜赶制他的得意之作——塑料泡沫“大力神杯”。最后他又动起了脑筋，联想到朝鲜队曾经在 1966 年以 1 ：0 击败过意大利队，而韩朝统一的呼声日盛，那么 1966again（意译为“再现 1966 年的奇迹”），一定可以赢得韩、朝两国人民的认同。蒋超当即跑去找人印制了印有 1966again 的旗帜。事实证明这一招非常成功！

赛场里，民族情绪空前高涨的韩国人手里挥舞着从蒋超那儿买来的巨幅旗帜和“大力神杯”，又跳又叫的场面让全世界的观众都为之动容。

当比赛进行到最后一分钟，韩国队奇迹般地打进扳平的一球时，全场观众山呼海啸般地喊起了“1966again”，他们疯狂地挥舞着“大力神杯”和“韩国国旗”，连在现场观战的韩国总统金大中，也忘情地挥舞着一只仿制的“大力神杯”。让蒋超倍感骄傲的是，这只“金杯”正是金大中总统的侍从赛前临时以 12 万韩元的价钱，从他的手中购得的！

在韩国队与德国队进行半决赛时，蒋超又别出心裁地卖起了希丁克的塑像。赛场外，希丁克塑像遭到哄抢，最高卖到 8 万韩元一只。最让蒋超吃惊的是，三四名决赛后，现场大屏幕上韩国总统金大中手中居然又拿着一件他的作品——希丁克石膏塑像！

2002 年 6 月底，蒋超和女友回到湖南，带回来的竟然是 1 亿多韩元，折合成人民币有 100 余万元。看球看成了百万富翁，真是令人惊叹不已！

蒋超在接受记者采访时感叹：“其实世界杯为所有的人都提供了商业契机，只是我们中间的绝大多数人不敢去想、不敢去做而已！”

许多人都认为，能否获得机会，主要是看运气的好坏。固然，运气的基本要素是偶然性，但它对于任何人都是一视同仁的。也就是说，所有的人“交好运”的可能性一样多，在机会面前人人平等。关键在于有的人把握了，有的人没有把握。如果说好运和机会有什么偏爱的话，那就是爱因斯坦所说的，它只偏爱有准备的头脑。

争当第一个吃螃蟹的人，就是要敢于去尝试创新，敢于利用自己的特点，找出适合自己或企业发展的路；而且还要敢为天下先，永争第一。相反，如果不敢自己尝试创新，等看到别人成功后才步人后尘，企图分一杯羹，许多情况下只会有别人捡了西瓜我捡芝麻的结局。

没有尘埃落定，就不要弃械投降

每个成功者都有自己的特色，但他们又都有一个共同点——不服输的精神。这个力量不是外力强加的，是内心的力量，这个力量所向无敌。

成功源于不服输，放弃了就是前功尽弃，眼睁睁地看着别人取得胜利。那些成功者们，经历了太多的惊心动魄，即使时过境迁，有很多人已经退出了人生的赛场，这种气质和精神却沉淀了下来，他们的眼神里就透着不服输的精神。

2010 年世界杯来临之际，德国战车开足了马力，所有人都摩拳擦掌准备在世界杯上大显身手。然而，就在这最关键的时刻，一个意外差点毁灭了德国队关于世界杯的所有梦想——巴拉克因伤不能出战世界杯。全世界的球迷都知道巴拉克对于德国队有多么重要，曾经有人说这个德国队的精神领袖一个人就可以抵得上半支球队。

遭受了巨大打击的德国队以残缺的阵容开始了世界杯之旅。没有人看好这支本来就状态一般现在又缺少了核心的德国队。然而，在接下来的比赛里，所有人都看傻了眼。在这届进球不多比赛沉闷的世界杯中，德国队不仅每场都有华丽漂亮的进球，而且战胜了一个又一个强大的对手。尤其是年仅 21 岁的穆勒表现得极其出色，无论是进球还是助攻，都成为本届世界杯上最耀眼的明星。

当进入淘汰赛之后不久，德国队遇到了夺冠呼声极高的阿根廷队。阿根廷的潘帕斯雄鹰们不仅拥有梅西这样出类拔萃的球星，还有着几乎无懈可击的攻防能力，在球王马拉多纳的带领下更是一路高歌猛进。几乎无法阻挡。

在这场生死大战之前，有记者采访穆勒，问他是否感受到了巨大的压力，穆勒表情严肃地告诉记者："阿根廷是夺冠的大热门，是一支非常强大的球队，但不管遇到多么强悍的对手，我们都必须选择死战不退，宁可跑断腿，也不能放弃对成功的渴望。"比赛开始之后，穆勒果然表现出了极其强烈的求胜心，几乎是不顾一切地疯狂奔跑进攻着。穆勒不要命的打法让防守他的阿根廷队员们感到了巨大的压力，一时间阿根廷队的后防线险象环生。在穆勒的带领下，德国队彻底爆发了！一轮接一轮如同潮水一样的进攻将阿根廷队的后防线和意志彻底摧毁！

当比赛结束的哨声响起的时候，全世界都被震惊了！德国队以一场大胜向所有人展示了日耳曼人的坚强和勇敢，尤其是穆勒，以自己的表现赢得了全世界的尊重。当他走到场边向观众致谢的时候，全场几万名观众纷纷起立，将掌声和尊敬献给了这位足球场上的英雄！

当本届世界杯结束之后，穆勒凭借助攻次数多的优势，成为2010年南非世界杯最佳射手，为德国队成功卫冕了世界杯金靴奖。

人生路上，我们总会遇到比自己强大的对手和看似无法战胜的困难，你会觉得自己失败的几率很高，在你几乎认定自己会输的时候，对自己说一句："我不能把胜利拱手相让！"点燃心中的斗志，即使胜算低，也要奋力一搏。谁能保证你不会超常发挥呢？谁能保证你的对手不会出错呢？世事难料，只有认真地去做了，才会知道结果。

当所有人都认为你不可能会赢的时候，你更不能放弃，你要向他们证明他们是错的。别人越是不看好你的时候，你就越是要给自己信心，问自己一句："总有人要赢的，那为什么不能是我？"不想看见别人举着奖杯欢笑的样子，而自己只能在角落里羡慕，就要勇敢地迎接挑战，争取成为那个接受鲜花和掌声的胜利者。

/03/ 挑拣思维的渣滓，在变化中完成脱胎换骨

物竞天择，适者生存。当你面对新的变化不知所措时，陈旧的观念，不会使你适应变化，更不会让你随着变化而改变生活的态度和方式。只有与时俱进，善于发现一开始发生的那些细微的变化，跟上变化的节奏，随着环境的变化而变化，才能走出生活这个大迷宫。

僵化的思维犹如牢笼

有时候，人们会被条条框框束缚住。这些条条框框可能是自己的视野、习惯、思维模式，可能是约定俗成的规矩，也可能是自己曾经做出的成就，等等，不一而足。但是，如果我们不能超越这些，就会失去前进的能力和动力。要想不断地成功和进步，我们就要走出条条框框，然后再学着思考，开拓新思路。

框是自己给自己镶上去的，可镶上去容易，想拿下来必然要经历一场难以决断的纠结。其实思考力的突破并不困难，把镶上的框拿下来就成。关键是就这么个简单的动作，很多人下不了决心。每个人的人生都不同程度地受到局限的困扰，而人生的成败往往就在于对局限的突破与否。能走出那些条条框框的纠缠，是人一生中面

临的最大问题。

中央电视台曾做过一个报道，记者问一个陕北的放羊小孩："你为什么要放羊？"

小孩回答："为了挣钱。"

"有了钱，又干什么？"记者又进一步问。

"有了钱娶媳妇。"

"娶了媳妇干什么呢？"

"生孩子。"

"生孩子干什么呢？"

"放羊。"

……

这个陕北的放羊小男孩的话代表了很多人的思维方式，许多人都被某种条条框框束缚住。比如，不少人甘愿守着一份不多不少的薪水过安逸的日子，却不愿意为了一个突破去冒险、去拼搏。对于很多人来说，僵化的思维方式就是看不见的牢笼，就是束缚着自己思路的条条框框。只有打破这种僵化的思维方式，我们的生活才有转变的机会。

在这个世界上，任何事物都是不断发展变化的，人们在生活中也会遇到许许多多意想不到的问题。面对新问题新情况，我们的思维一定不能固守某种特定的模式，一定要勇于打破习惯，走出条条框框。

诺贝尔生理学、医学奖得主克里克和沃森本来都不是分子生理学家。克里克在物理学界卓有成绩，第二次世界大战期间致力于军事武器的研究。而沃森在大学时学的是生物学，对鸟类学、遗传学兴趣正浓。

他们没有局限于自己的专业领域，而是跳出去，从物理学家薛定谔的《生命是什么》这一著作中得到启示，了解到分子生理学是未被人们开垦的处女地，他们从原来的专业转到了核酸的研究，从而取得了巨大的成就。

人具有主观能动性，能够不断地创新变通，从而更加适应这个社会，更容易做出新的成就。人们常说，思维决定行动，行动养成习惯，习惯形成性格，性格决定命运。可见，一个人的思维方式对他的一生都有着重要影响。除了思维，某些习惯也可能在不知不觉中让我们遵循某个固定的模式行动，从而影响我们做事的结果。

寺里有一个小和尚跟着老师傅学习剃头的技艺。老师傅的技艺十分精湛，传授非常认真，小和尚也很有天分，学得很快。看到小和尚日益进步，人人都把小和尚当成老师傅的接班人。

小和尚做练习的时候是用冬瓜，他能用很短的时间把冬瓜的表皮剃光。不过，他有个习惯，每次剃完冬瓜以后，他总是把剃刀插在冬瓜上，这个动作跟他剃瓜皮一样娴熟。

过了几个月之后，大家都感觉他的技艺能够出师了，于是就有人请他剃头。随着小和尚手中寒光闪闪的剃刀上下翻飞，客人的头发干净利索地掉落下来。围观的人不由得一阵喝彩，小和尚也非常得意。很快，小和尚就完工了，然后，他顺手就把剃刀往客人头上一插……

小和尚的这种习惯其实也是一种条条框框。一个人如果总是按照以前的习惯或者规矩办事，也就失去了思考能力，就像一部机器长了锈一样。因此，我们无论是对待自己的工作还是生活，要善于打破旧的行为习惯和规矩，用变通的、创新的办法解决问题，这样才能保证我们不断进步。

默多克说："每当我成功攀越一个顶峰时，我都会反复提醒自己要勇敢地再向前迈一步，不能原地踏步、故步自封。"的确，一个人的思路常常决定了他的命运。如果你给自己的定位是个小职员，那么你这辈子就可能很难突破小职员的上限；相反，如果你认为自己这辈子能有大的作为，那么，你就会不断地突破自己，就更容易实现目标，梦想成真。

所谓突破局限，就是突破环境和自我；突破自我，在于超越世俗和表面。做人，最重要的是具有内在的力量和高远的追求。当一切的条条框框都不再是一种困惑我们的牵绊，当眼前一切必经的格式都成为一种虚无的青烟，我们眼前的世界就会变得更加开阔，也许经过多年时间的洗礼和阅历的增长，我们已经深刻地明白自己应该有什么、到底要怎样生活、怎样为了心中的梦想穿越层层困境，这就是突破自己的完美开端。

做人真的不能太守规矩

有一个小伙子，人品很不错，做起事来中规中矩，但不知为什么在生活中却总是碰壁。先说找工作的事吧，现在大学生就业普遍存在困难，所以很多学生从大四就开始找工作，大型的人才招聘会一般也都安排在每年的三四月份，这位小伙子却认为找工作是毕业后的事，于是当同学们到处面试时，他还在抱着圣贤书；同学们纷纷签约时，他还在忙着准备毕业论文，等到9月份毕业证书到手后，他开始准备找工作了，可已经没有什么好公司在招聘了，他只好去了一家小公司。

他的恋爱也是一波三折，他喜欢上了公司的一个女同事，准备向她表白时，一个消息灵通的同事告诉小伙子一个情报：女孩不喜欢花，改送别的小礼物吧！小伙子犹豫了一下却还是决定送红玫瑰，原因很简单：依照惯例，求爱就应该送花。结果女孩勉强收下了花，却因为出疹子几天没来上班，原来她有严重的花粉过敏症，当然两人的好事也就不了了之了。

这个小伙子错就错在不该依据所谓的惯例来思考问题，因为世界上没有什么是一成不变的。如果你养成了循规蹈矩的思维习惯，死抱着既有的套路不放，那你就会成为习惯的牺牲品。

司马迁谈起秦王朝的灭亡时说："秦离战国而王天下，其道不易，其政不改，是其所以取之守之者（无）异也。孤独而有之，故其亡可立而待。"秦经历战国到统一天下，然而治理的方法却没有什么改变，不懂得夺取天下与治理天下的情势的改变，其灭亡是站着不用坐下就可以等到的。

有一个哲学家说："唯有变化才是永恒的。"随着时间的流逝，世界必然会发生变化。当环境发生改变时，请先反省自己：我变了没有？后起之秀之所以能将昔日的明星赶下舞台，独占鳌头，是因为他们在新的关系中发展和变化。在新的环境中，他们自身有着无可替代的优势。如果你一成不变，那么肯定不能在社会里从容自如地生活。不要老是想着"以前怎样"，要多看看现在，你变了没有。

即使别人都在原地踏步，你也要继续通过自己的认真观察，细心分析，找出适合你做事的方法。就算你的方法暂时效果不佳，但是你也能从中多少有些收获，远胜于你不动脑筋地跟在别人的后面亦步亦趋。也许别人会认为你这是离经叛道，但是你大可付之以轻松一笑，毕竟你是要在将来成就一番事业的人，要自己思考问题，就要准备付出代价。或许由于你的标新立异否定了其他人的行为准则，"正常"的人可能不会赞许，他们甚至会孤立你，但你不要因此而沮丧退缩，那些成就大事的人大多具有这样的特点，他们能从别人看来几乎是金科玉律的做法中发现不足之处，然后仔细分析，加以改正，并因此获得令人羡慕的机会。这种人应该成为我们的典范。或许循规蹈矩的人也没有什么错，但他们的那种态度与方法不一定能适应复杂多变的现实。

循规蹈矩并不能保证我们做事不出差错，事态每天千变万化，我们只有灵敏通透、寻找机会，才能圆满完成自己的任务，也才能让机会停靠在自己的肩膀上。

老套路套死你未来的出路

很多人最容易犯的一个错误就是因循守旧、固执己见，不懂得紧跟时代步伐，结果他们也往往会被淘汰。

一家报社被迫关闭了，其原因就在于它们不能顺应时代的潮流，报社的领导人不肯运用最新的编辑方法，也不愿意外派记者去采访，更不知道花费一些开支去买传真机，他们甚至也没有计算过，多花一些钱去约一些知名作家做特约撰稿，写出好的稿子，可以增加多少销量。他们请人来做校对，只图薪水便宜，认为水平如何不是重要问题，他们也很希望在新闻的采访费用方面节省些钱，所以大部分新闻都是东抄西剪。新闻界的一个常识就是：好的新闻要舍得花钱去买。但他们竟然认为那是不值得的。

于是，他们的报纸销路日渐下降，同时商家看到销量下降，无人问津，也不再来刊登广告了，到头来只好关门了事。

同样，许多律师所用的还是多年前学来的陈旧法律和老的辩论方法，这些学问在几十年前也许会大出风头，可以处处赢得诉讼的胜利，但是，现在的法律已经有了新的发展，辩论方法也较以前大有进步，而这些一度成功的律师们却一点也不注意去学习，他们用来用去就是那些老套套。等到他们发现自己的很多生意已经被那些在律师界还没有多少资历的后起之秀抢走之后，他们才恍然大悟，才知道不断进取的重要意义。

从古到今，世界上不知道有多少人将自己的宝贵精力都白白地耗费在没有任何意义的守旧工作中，他们根本不懂得何谓顺应时代潮流，何谓进取。他们好像整天生活在过去中一样，在别人眼里，他们简直成了呆头呆脑的老古董。

然而，留恋过去对现在的生活没有一点帮助。一个人最要紧的就是顺应时代的潮流，不要让别人说你是一个“落伍者”。人只有赶得上潮流，才会在不知不觉中得到巨大的进步。

一个木匠，造得一手好门，他费了多日给自家造了一个门，他想这门用料实在、做工精良，一定会经久耐用。

后来，门上的钉子锈了，掉下一块板，木匠找出一颗钉子补上，门又完好如初。后来又掉下一颗钉子，木匠就又换上一颗钉子；后来，又一块木板朽了，木匠就又找出一块板换上；后来，门拴损了，木匠就又换了一个门拴；再后来门轴坏了，木匠就又换上一个门轴……于是若干年后，这个门虽然无数次破损，但经过木匠的精心修理，仍坚固耐用。木匠对此甚是自豪，多亏了有这门手艺，不然门坏了还不知如何是好。

忽然有一天邻居对他说：“你是木匠，你看看你们家这门？”木匠仔细一看，才发觉邻居家的门一个个样式新颖、质地优良，而自己家的门却又老又破，长满了补丁。于是木匠很是纳闷，但又禁不住笑了：“是自己的这门手艺阻碍了自己家门的发展。”于是木匠一阵叹息：“学一门手艺很重要，但换一种观念更重要，行业上的造诣是一笔财富，但也是一扇门，能关住自己。”

当一个人形成了某一根深蒂固的习惯方式之后，换一种观念是非常重要的。由于商业上的激烈竞争、文化上的普遍革新、科学上的不断发明，当今世界上的任何事物都与10年前大不一样了。如果一个人所知所思仍然是10年前的东西，那么在现代世界里，根本就没有他的容身之地。比如说，一个打算经商的中年男人，在10年前他只要会写、会算、会接待顾客就可以了，但现在他非得睁大眼睛来看更多其他的形势不可。比如，社会发展的态势、流行的时尚、文化科学等方面的进展，都是他应该密切关注的。

在当今的时代，要想跟随时代的潮流，一定要对各个方面都有一个全面的了解、深刻的研究，还要随时注意国内外的大小事件、变化和市场的各种情况等。

无论你是做工的、行医的、经商的、当律师的，你都应该永远紧跟时代潮流。俗话说得好："人生如逆水行舟，不进则退。"一个人一旦停下来，驻足不前，一旦对于自己的才能学识感到满意，那么不久之后，他们就将被不断前进的时代巨轮远远地抛到后面去了。

你的平庸正来自自我设限

很多人无法脱离难堪的生活，都是因为受困于自身心理高度。他们的意识里认为自己不配拥有更多的东西，各种优秀与美好的事物都与自己无缘。他们之所以做着平庸的事情，过着平庸的生活，都是因为他们对自己的要求与期望值不够高。他们不明白，自己完全可以掌控自己的命运，可以实现任何可能的目标，做自己想做的人。

一位士兵给拿破仑送信，由于过于匆忙，在他把信件送到之前，所骑的战马就摔死了。拿破仑口述完回信之后，将信交给这位士兵使者，并命令他骑上自己的马，尽可能快地将回信送过去。士兵看着这匹披戴着极好马饰的高贵马，说道："不行，将军，这匹马对于一名普通士兵来说太豪华、太高贵了。"拿破仑说道："相比较法国士兵来说，没有什么东西太豪华，或太高贵。”

世界上到处都是像这个可怜的法国士兵一样的人，他们既羡慕别人的拥有，又觉得别人拥有的东西对自己来说太奢侈，与自己卑微的身份不相称。他们从没意识到，恰恰是这种自我贬低的思维削弱了自己的意志力。他们对自己没有足够的自信，没有足够的期望，也没有足够的要求。

古人说“哀莫大于心死”，又说“兵强于心而不强于力”，在思想上自我设限的人，会将简单的问题复杂化，在做任何事情之前，他们的潜意识都会告诉自己，我不一定能做好或我做不了！这种不自信的心理反应足以令他们退缩或无法全力以赴去做事情。

科学家做过一个有趣的实验：他们把跳蚤放在桌上，一拍桌子，跳蚤迅疾跳起，跳起高度均在其身高的一百倍以上，堪称世界上跳得最高的动物！然后，他们在跳蚤上方罩一个玻璃罩，再让它跳，这一次跳蚤碰到了玻璃罩。连续多次之后，跳蚤改变了跳跃高度以适应环境，每次跳跃总保持在罩顶以下高度。接下来，研究人员逐渐降低玻璃罩的高度，跳蚤每次都在碰壁后被动改变自己的高度。最后，当玻璃罩接近桌面时，跳蚤已无法再跳了。科学家于是把玻璃罩打开，再拍桌子，跳蚤仍然不会跳。

成功与失败皆取决于思想的力量。真正的思考者自信，他们自信一定会成功。从某种程度上说，没思想的人也自信，他们自信一定会失败，自信自己是穷人。卓越与平庸，只是相信的对象不同罢了

美国有个叫约翰·歌德的人，25 岁以前几乎一无是处，25 岁时偶然参加了美国成功学院的一个关于“精神，信念和目标”的讲座。听完讲座以后，他的内心触动极大，从那时起，他便按照学到的方法，为自己设定了 123 个目标。这些目标中，最大的是成为亿万富翁和登上月球，最小的包括交友，收入，住所，甚至一些生活中的琐事。30

年过去了，他的 123 个目标实现了 105 个，其中包括成为亿万富翁。

美国成功学院对 1000 名世界知名成功人士的研究结果表明：积极的思考决定了成功的 85%！

所以我们必须告诉自己的心：没有绝对的不可能，只有自我的不认同——不认同自己的想法，不认同勇气，不认同坚持，不认同自身的潜能，所以，“我”才不敢做事情，所以才一直碌碌无为。

如果认命，还如何咸鱼翻身？

如果你无欲无求，可能日子过得随心所欲，但是这种生活暮气太重，未必真是福气。

如果你真的想改变自己的命运，那么有了想法，就放手去做，你不去做，永远不知道自己有多少潜力，只有做了，你才知道行动对你意味着什么。畏首畏尾的人永远得不到机遇的青睐，不敢正视困境的人永远无法完成对困境的逆转，就算整个世界都不看好你，但假如你能因此激发出斗志，积极地去思考，大胆地去尝试，全身心地去开拓，去美化自己的人生，你就很可能将那些轻视的眼光转化成羡慕的媚眼，但如果你连这点勇气都没有，你就会错过很多上天原本想要赐予你的东西。事实上，成功只青睐既有思想又有行动的人。

有一家人，他们在经过多年的省吃俭用之后，攒够了前往澳大利亚的下等舱船票钱，他们打算到富足的澳大利亚去谋求发财的机会。

为了节省开支，妻子在上船之前准备了许多干粮，因为船要在海上航行十几天才能到达目的地。孩子们看到船上豪华餐厅的美食都忍不住向父母哀求，希望能够吃上一点，哪怕是残羹冷饭也行。

可是，父母不希望被那些用餐的人看不起，就守住自己所在的下等舱门口，不让孩子们出去。于是，孩子们就只能和父母一样，在整个旅途中都吃自己带的干粮。

其实大人和孩子一样渴望吃到美食，不过他们一想到自己空空的口袋就打消了这个念头。

旅途还有两天就结束了，可是这家人带的干粮已经吃完了。被逼无奈，父亲只好去求服务员赏给他们一些剩饭。听到父亲的哀求，服务员吃惊地说："为什么你们不到餐厅去用餐呢？"父亲回答说："我们根本没有钱。"

"可是只要是船上的客人，都可以免费享用餐厅的所有食物呀！"听了服务员的回答，父亲大吃一惊，几乎要跳起来了。

如果他们肯在上船时问一问，也就不必一路上如此狼狈了。那么为何他们不去问问船上的就餐情况呢？显而易见，他们没有勇气，因为他们的头脑里早就为自己设了一个限——我们很穷，没钱去豪华餐厅享用美食，于是他们错过了本应属于自己的待遇。

在生活中，我们因为没有勇气尝试而错失良机的事情又何止这些。也许就算你尝试了，也不一定就绝对成功，但你连尝试的勇气都没有，那你就只能一如既往地落魄和平庸。

今天的你可能很坎坷，你抱怨上天不给你成功的机会，感慨命运一直在捉弄你，其实机会可能就在你身边，只是因为你的思维为自己设了限，你觉得自己只能做平庸的事情，于是你把机会自行放弃了，而机会一旦溜走，就很难再重新拥有。这也是很多人无法逆袭的一大原因。

其实，困厄本身并不可怕，可怕的是困厄的思想，即认为自己注定平庸、必将死于贫贱的错误思维。这着实是我们人生中绝大的谬误！所以，不要一面抱怨自己的坎坷，一面却安于现状，你必须时时告诉自己："我想成功！我要成功！"同时身体力行，朝着切实可行的目标努力，唯有如此，我们才能真正摆脱困境。

跟从多数人，难道就安全？

大海里的鱼类，是企鹅丰富的食物来源，也是企鹅族群能够存活下来的保证。但是，在冰冻的海平面之下，除了食物以外，也有死亡的威胁，那就是黑虎鲸。

这样一来，企鹅就面临难题了：下海还是不下海？如果下海，而此时冰下潜伏着一头黑虎鲸，那么自己有可能成为被吃掉的那一个；可是如果不下海，真的很饿。

想知道水下是否有黑虎鲸只有两个方法：一是潜入水中，亲自探寻一下，倘若没有便可大快朵颐；二是一直在岸上等着，等某个耐心不足或饿急了的企鹅一头扎进水里。所以，企鹅们每天都会玩这种耐力比拼的游戏，等待某个胆大的企鹅去为自己探路，如果先下去的企鹅入了鲸口，那么其他企鹅就会继续站在原地，只有确定没有危险，其他企鹅才会纷纷下海，填饱自己的肚子。

其实有时候我们的思维很像企鹅，当我们不足以确定一件事的结果时，我们习惯观望别人，按照别人的做法去做事。这的确有好处，从心理学的角度看，与多数人保持一致，容易获得归属感和安全感。"羊跟大群不挨打，人随大流不挨罚"，这一民间俗语形象地揭示了随大流的"好处"。正因能带来利益，人们才在反复实践中越发巩固了随大流的思维。所以当你看到二十个人都望向天空时，你很难做到不抬头望。但是，模仿纵然有它的可取之处，也经常会把人们带离正轨。

一群年轻人相约去呼伦贝尔大草原畅游，他们驾驶四辆越野车兴致高昂地驶向草原深处。草原像无边无际的绿色地毯，高低起伏地延伸向地平线，那景致着实让人心醉。高飞的车排在第二位，紧跟在第一辆车身后。他们翻过了几个起伏的草坡后，远远看到一个碧蓝的湖泊，那湖水就像蓝宝石一样在阳光的映照下闪闪发光，他们加速向湖边驶去。

在距离湖泊不远的地方，有一块低洼地。头车毫不犹豫地从低洼地直向湖边开去，高飞他们也紧紧跟随。开着开着，头车的前部突然陷下去了，高飞虽然紧急制动，但还是轻轻顶了前车一下，使得对方又往里陷了一点。原来，低洼处潮湿松软，形成了一片沼泽，被草覆盖着，看不出来。最后，他们用了一个多小时，三辆车拉得水箱里的水都快开了，才把第一辆车从泥潭中拽出来。结果，四辆车都受了不同程度的创伤，原本兴致勃勃的草原之旅也变成了紧张丧气的抢险救援，最后，一行人都带着遗憾离开了草原。

其实当时高飞在后面，看到低洼处的草呈深绿色，心里就曾有过不好的念头闪过，同车的人也有同感，但觉得前车上的朋友开的那么有把握，就觉得他以前可能来过这里，没想到其实不然。

如此意料之外的事情之所以会成为可能，就是因为人们会彼此影响。我们因为避险的本能或者为了寻找捷径而盲目跟风，因为盲目所以很可能会走错路。

我们需要保持思想上的独立而不是随波逐流，这确实不是简单的事情，有时还有危险性。然而，无数事实告诉人们：人的真正自由，是在接受生活的各种挑战之后，是经过不断追求、拼搏并经历各种争议之后争取来的。

等到万事俱备，黄花菜都凉了

如果所有的行动都要像发射火箭一样，在发射之前所有设备、程序等条件必须全部到位；行动只在发射瞬间，那么，火箭也许到现在还没有被发明出来。

有人来到一处苹果园，看到果农在采摘还没成熟的苹果，他很诧异，“苹果还没熟呢，怎么就摘了？”果农说：“一看你就是个外行人。熟透的果子运不到远方，没到地儿就烂了，半生不熟的果子可以在路上成熟啊。”

苹果可以在路上成熟，所以我们也可以趁早出发，不必等到一切条件成熟。如果映山红要等到日媚风暖才缓缓吐蕊，就会失去独占春天的天时；如果做事业要等到万事俱备才开始，就会误了抢占制高点的先机。或许我们可以这样说，成熟就是你得到了老成的经验，却失去了青春的激情。

那年，英国利物浦一个叫科莱特的青年考入了哈佛大学，经常和他坐在一起听课的，是一位年仅 18 岁的美国小伙子。大二的时候，那小伙子对科莱特说：“咱俩一起退学吧，去开发 32Bit 财务软件。”因为当时新编的教科书，已解决了进位制路径转换问题。科莱特闻言吃了一惊，他是来这儿深造的，不是来胡闹的。再说，对于 BIT 系统，他们才学了一点皮毛而已，要想开发 BIT 财务软件，不把大学的全部课程学完是做不到的。他婉言谢绝了那位小伙子的邀请。

转眼过了十年，科莱特成为哈佛大学计算机系 BIT 方面的博士研究生，而那位退学的小伙子，在这一年，进入《福布斯》亿万富豪排行榜。1992 年，科莱特拿到博士后学位；那位小伙子的身价在这一年则仅次于巴菲特，成为美国第二富豪。1995 年，科莱特认为自己无论是学识还是经历都已足够成熟，可以对 32BIT 财务软件进行研发了，那位小伙子却已开发出 EIP 财务软件，它比 BIT 快 1500 倍，并且，这个软件在两周内占领了全球市场。这一年，他成为世界首富，他的名字叫比尔·盖茨，成为成功与财富的代名词，传遍世界的每一个角落。

成功者不是比你聪明，只是比你更爱思考，并且能够在最短的时间采取最坚决的行动。许多事情，若要等到万事俱备才开始行动，或是以条件不齐备为借口不行动，那就只会延误时机，让计划一再被潮流所淘汰。

其实，不成熟不等于不成功。

以前的葡萄酒商被这样一个问题困扰着——葡萄酒酿成以后非常容易变酸，因为有细菌在作祟。该怎么清除细菌呢？法国生物学家巴斯德做了很多次试验，他成功了——他给葡萄酒加温到 100 摄氏度。可是，细菌是杀灭了，葡萄酒的香味却也消失不见了。他想了想，给葡萄酒加温到 55 摄氏度，细菌被杀灭了一部分，提高了葡萄酒的保质期，酒味也非常醇厚。巴斯德由此得出结论：许多事物不需要全部做到极致。

那么，我们还要等“万事俱备”和条件成熟吗？那些叫嚷着“条件还不成熟”的人，并非已有条件不能支撑行动，他们要么是思想过于保守，做事死板呆滞，要么就是给自己的不思进取找借口。不管怎样，其结果都是碌碌无为。

在这个世界上，似乎存在着这样一个真理：做一件事，如果非要等到所有条件都成熟才肯去做，那么也许就要永远等下去。

好点子不怕异想天开，怕不了了之

这是一名“独一无二的乞丐”的故事：

18岁那年，我和好朋友布让同时被父母踢出家门，我俩发誓要父母“好看”。布让浩浩荡荡地开始挨家挨户擦窗洗车、送外卖。而我，看着豪宅内的父母一肚子委屈，摸摸兜，退一步海阔天空吧！可我真不愿擦窗户，不愿出臭汗，不愿……我很懒。

懒不等于笨，这世界上无非就两种生意：产品和服务，我精心琢磨如何做起“产品”生意。我能卖什么产品呢？数数钱，最好是卖信息。卖什么信息呢？思来想去，我发现自己最大的优点是幽默，于是我决定卖笑话！人们工作一天累了，肯定喜欢听我讲笑话。

于是，我在蒙特利尔商业繁华街上立了块纸牌：“25美分，讲笑话给你听。”我坐在那里忐忑不安，肚子里的“产品”只有3个笑话，得将它们反复卖出去。街上的行人走过去，偶尔瞟我一眼。我浑身冒汗，有些心虚，觉得自己卖“笑话”的想法有些愚蠢。突然，一个商人扔给我几枚硬币：“OK，给我讲一个笑话。”我边讲边祈祷他快笑，没想到他真笑得前仰后合，笑得我信心倍增！接下来一个小时内，我摩拳擦掌“笑”对来客，几乎每4分钟卖出一个笑话，一下赚了20美元！

第二天，我做了更大的牌子挂在胸前，开始在几条繁华步行街流动“推销”。结果每小时可以赚进40美元！卖了一周笑话后，我赚到足够的钱搬到多伦多去，将生意发展到别的城市去！那里有更多的繁华步行街和华丽餐厅酒店，我制订了“笑话生意”扩展计划：一、为不同类型的人准备不同的笑话；二、把笑话收集起来复印好，卖 50 美分一张。

客人比以前急速增多。我每小时能赚到 80 美元，卖笑话纸一天也卖出 200 多份！我去政府注册交税，但政府对这种生意“闻所未闻”，我只好勉强做着不交税的生意。警察经常会阻止非法经营者，但对我束手无策，因为我会用笑话“行贿”，没人拒绝得了欢乐。

金钱滚滚而来，我在多伦多出了名。大量客人前来寻找“讲笑话的人”，电视台将我搬上荧屏，加拿大权威报纸把我的大笑脸放在头版，报道标题：“独一无二零点投资的好生意！”我高兴得乐翻天——能上那家报纸的头版，必须是政界名人或巨商富贾！奶奶看了报纸后，气得说父亲把我逼成了乞丐。

我不是乞丐，我是在用自己的大脑创造财富，我的“财富”为很多人带来了欢乐，我为自己的独立感到骄傲。

别等着财富来找你，主动去“创造”财富吧！因为很多人大脑里都有“魔法盒”、都有灵光乍现的好主意，但很多人总是想想就放弃了，最终没去做，好点子也被浪费掉了。何不试着把你的创意实践起来，说不定它能带来财源滚滚。

/04/ 躲开别人的阴影，构建属于自己的幸福体系

自己的幸福自己追求，自己的快乐自己感受，自己的，才是真实的。也许此时你眼中的地狱，却是别人眼中的天堂；也许此时你眼中的天堂，却是别人眼中的地狱。生活就是这般的滑稽。不要总觉得幸福在人家，关键在于自己心态的调整。

别让你的人生被别人“绑架”

当你过于在意别人的目光、无法割舍太多的纠葛的时候，你的人生便已经被绑架了。其实，最关注你的人只有你自己，没有那么多把自己的目光盯在别人身上的“观众”。所有的“观众”，其实只不过是你心中的樊笼。你换一种活法，忘记“观众”，照样可以获得快乐。

文艺工作者们的一举一动总是能够成为大众们关注的焦点，他们也力求让自己的外表保持光鲜亮丽，不让观众们失望，即使是上街买菜也要打扮得衣冠楚楚，由于过于关心别人的目光，严苛要求自己，却使自己没有了喘息的时间。一个曾经风光无比的男演员淡出公众视

线很多年了，最近出现在了媒体上，却成了拳击比赛的新人王。在一个节目上，主持人问他为什么能够在人气上升的时候忽然淡出，男演员就给主持人讲述了他曾经的故事。

原来，当年男演员凭借在热门影视剧中的表演名噪一时，他也按名人的标准来要求自己，在人前衣冠楚楚，保持风度，让自己活在“名演员”的角色中。可是，有一次在国外拍片的时候，剧组全体人员要从拍摄地到另一个地方去吃饭，吃完饭按时集合回去继续拍摄。

在用餐完毕之后，他看见其他人还没吃完，于是就去外面的公用电话与家人联系，正和母亲聊着，他发现剧组乘坐的大巴车载着满车的人开走了，于是他扔下电话追了过去，大巴上却没有人留意到他。

感觉荒唐又气愤的男演员心想，这简直是太荒谬了，竟然没有等他上车就走了，他可是这部剧的男主角啊，没有他怎么进行拍摄呢？他想，等他们发现自己没有上车，一定会回来找他的。

可是，两个小时的时间过去了，没有人来找他，周围来来往往的人们也没有人认出这是一个著名男演员。

于是，按捺不住的男演员给剧组的人打了电话，那头才恍然大悟：原来把男主角丢到了饭店。之后又过了很长时间，才有人过来将他带回拍摄地。

这一次的经历无疑给自视甚高的男演员泼了一盆冷水，他这个时候才意识到，原来，自己并没有那么多的观众，没有那么多人会关注你。

也正是因为有了这样的认识，男演员才不再苛求自己事事完美，在遭遇事业低谷的时候也不再抱怨别人，而是专心投身于自己喜欢的运动当中，后来还在教练的鼓励之下参加了全国性的拳击比赛，成为该比赛中年龄最大的新人王。受到万众瞩目的演员尚且如此，更何况我们普通人呢？在会议、聚会上，你发表意见的时候不小心出现口误，立即感觉大失面子，还没想到怎么去补救，大家却都已经转入到了另一个话题中去了。其实，其他人根本就没有注意到你的小小过失，更不会在意，却只有你自己，觉得失去了面子。

对于别人的眼光，别人的评价，你在乎得越多，那么你的内心就会多一分束缚。你舍弃得越多，你也就多了一分自由。

许多人在思维里总是会高估了自己，为虚名所累，总是认为有许多观众时刻都在注视着自己，其实，你对别人没那么重要，地球离开了谁都会照常转，别人的生活不会因为你少出了一分力而无法继续。

有太多人每天忙忙碌碌，就好像是陀螺一样不停地转着，虽然在工作当中施展了拳脚，得到了成绩，但是却把自己累得要命。别人劝他，对自己好一点，休息一下，不要对自己太苛刻，可是他却无奈地说："不行啊，我的工作很重要，没有我不行，很多人靠着我吃饭呢。"

的确，你的工作能力可能很强，你的事业成功，你认为自己的能力比身边其他人高，于是就要背负更多的压力，这其实就是你的责任。

但是你也要明白，自己并不是超人，不是蜘蛛侠，不必把拯救世界的使命全部压在自己的肩头，过重的负担只会压垮自己。曾经有一个"工作狂"，作为一个部门的负责人，他的工作十分的出色，上司赏识他，总是给他最难完成的任务，出去应酬也总是带着他。虽然他也经常觉得自己工作压力大，自己太辛苦，别人劝他休息，可是他却两手一摊，无奈又骄傲地说："走不开啊，我一放手，工作就没办法进行了。"

直到有一天，在单位的一次体检中，医生神色凝重地在他的报告单上写下“疑似”。就是这张危险的报告单一下子让他懵了，家里人强制性地把他送进了医院，什么事都放下，好好调养他已经被严重透支的身体。

住院半个月的时间，连手机都关掉了，谢绝任何人来探望。只有家人陪着他聊天、散步，调养休整。他在此期间才遗憾地发现，在不知不觉当中，自己已经错过了那么多与家人共处的机会。

半个月之后，复检结果出来了，最可怕的猜想被排除，这段时间，正常的生活作息也使他疲惫的身心得以修补，他如释重负，仿佛天地一下子大了许多。

出院以后，他回到了单位，发现他不在的那些日子里工作如往常一样运转得非常好，一些被他的“能干”束缚未能施展拳脚的员工这个时候也施展出了各自的潜能，单位的工作没有因为他的离开受到太大的影响。

现实的情况虽然让他有些失落，但是他随即却又释然了，别人的生活自有别人自己负责。何必勉强自己做“救世主”呢？其实自己能够拯救、需要负责的，也只有自己。让我们好好善待自己吧，不要再为难自己。在生命的舞台之上，每个人都有各自的角色，每个人其实就是主角，也只是自己生命的主角，在别人的生活当中，你仅仅只是一个配角，一个无关紧要的配角。欣赏自己，照顾自己，学会自娱自乐，把自己的生命交给自己，才能把价值带给世界。

你快乐与否，不受别人挟制

无论命运多么灰暗，无论人生多少颠簸，都会有摆渡的船，这只船就在我们手中！每一个有灵性的生命都有心结，心结是自己结的，也只有自己能解，而生命，就在一个又一个的心结中成熟，然后再生。

一个成熟的人，应该掌握自己快乐的钥匙，不期待别人给予自己快乐，反而将快乐带给别人。其实，每个人心中都有一把快乐的钥匙，只是大多时候，人们将它交给了别人来掌管。

譬如有位女士说："我活得很不快乐，因为老公经常因为工作忽略我。"她把快乐的钥匙放在了老公手里；

一位母亲说："儿子没有好工作，老大不小也娶不上个媳妇，我很难过。"她把快乐的钥匙交在了子女手中；

一位婆婆说："儿媳不孝顺，可怜我多年守寡，含辛茹苦将儿子带大，我真命苦。"

一位先生说："老板有眼无珠，埋没了我，真让我失落。"

一个年轻人从饭店走出来说："这家店的服务态度真差，气死我了！"

……

这些人都把自己快乐的钥匙交给了别人掌管，他们让别人控制了自己的心情。

当我们容忍别人掌控自己的情绪时，我们在头脑中便把自己定位成了受害者，这种消极设定会使我们对现状感到无能为力，于是怨天尤人成了我们最直接的反应。接下来，我们开始怪罪他人，因为消极的想法告诉我们：之所以这样痛苦，都是“他”造成的！所以我们要别人为我们的痛苦负责，即要求别人使我们快乐。这种人生是受人摆布的，可怜而又可悲。

积极的心态就是要我们重新掌控自己的人生，拿回自己快乐的钥匙。

你就是风景，独特的风景

每个生活在太阳底下的人，都有自己的位置，都有独特的生活方式，都是自己生命闪烁出的一道美丽风景。

每个人在生活中，没有旁观者的席位，只有自己的位置，自己的光源，自己的声音，自己的风景。在这美好的世界里你永远是一道风景。

每个人的生命，都有一种独特的美，正是这种生命独特性的展现才让整个世界焕发生机。每一个人的特性都是自己宝贵的资源和财富，都是在各自的一片土地上展示生命的辉煌。

约翰逊一生下来就和别的孩子不一样，他不但身体扭曲变形，而且反应迟钝。尽管如此，他的父母仍旧尽最大的努力让他过正常的生活，并且把他送到学校读书。

约翰逊13岁的时候，才读到小学二年级。很显然，他的学习能力非常有限。上课的时候，他会在座位上不停地扭动身子，嘴里流着口水，发出呼噜呼噜的声音。大多数时候，约翰逊总是会使艾迪老师发火。

一天，艾迪老师打电话给约翰逊的父母，请他们到学校来。

艾迪老师对他们说："约翰逊应该到特教学校去上学。让他和这些学习上没有障碍的比他小五六岁的孩子一起学习，对他来说是很不公平的。"

听了艾迪老师的话，约翰逊的妈妈伤心地哭了起来。她哽咽着说："艾迪小姐，您知道，这附近没有那种学校。而且如果我们把约翰逊从这所学校带走的话，对他来说会是一个非常沉重的打击。我们知道他很喜欢这里。"

约翰逊的父母离开以后，艾迪突然有一种罪恶感。"哦，上帝，"她大声地祈祷着，"请您帮助我吧！让我对约翰逊多些耐心吧！"

不久，春天来了，孩子们都在兴奋地谈论着即将到来的复活节。艾迪老师发给每个孩子一颗硕大的塑料彩蛋，对孩子们说："请大家把这个复活节彩蛋带回家去，明天再把它带回来，但要记住的是，明天在把彩蛋带回来的时候，彩蛋里面要放一个能够代表新生命的东西。"

"是。"孩子们异口同声地答应着，除了约翰逊。他的眼睛一刻也没有离开艾迪的脸，甚至没有像以往那样发出任何噪音。

第二天早晨，阳光明媚，鸟声啁啾。孩子们兴高采烈地来到学校，他们把各自的彩蛋放进讲台上的一个大柳条篮子里。

在第一颗彩蛋里，艾迪老师发现了一朵美丽的花。"哦，很好。花儿当然是新生命的象征！"坐在第一排的一个小女孩挥舞着双臂叫道：

“那是我的！”

接着，艾迪老师打开了第二颗彩蛋。彩蛋里放的是一只惟妙惟肖的塑料蝴蝶，“美丽的蝴蝶是由毛毛虫长大以后变化来的。因此，它也是新生命的象征。”艾迪又打开一颗彩蛋，里面放着的是一块长着苔藓的小石头。

接下来，艾迪打开了第四颗彩蛋，她一下子惊讶得屏住了气。彩蛋里竟然空空如也！这一定是约翰逊的，她想，当然，他根本就不明白她布置的作业。为了不使约翰逊感到难堪，她轻轻地把那颗彩蛋放到了一边，伸手去拿另外一颗彩蛋。

突然，约翰逊大声叫道：“艾迪小姐，您不打算说说我的彩蛋吗？”

对于约翰逊这冷不丁的问话，艾迪没有任何准备，她惊慌失措地答道：“但是，约翰逊，你的彩蛋是空的啊！”

约翰逊凝视着艾迪的眼睛，轻声地说：“是的，但耶稣的坟墓也是空的啊！”

顿时，大家都惊呆了，教室里鸦雀无声，时间仿佛也停止了。良久，艾迪才回过神来，她问道：“你知道为什么耶稣的坟墓是空的吗？”

“哦，当然知道啦！”约翰逊大声说道，“耶稣被杀死以后，遗体就放在坟墓里，但是天父又让他复活了！”

每个人都可能有独特的思维，见人之所不能见，想人之所不能想。不管你或美或丑，在社会中从事着什么工作，都请不要悲伤，也不要去羡慕别人。上帝在每个人的身上都赋予了特殊的使命，特殊的道路。你，只需做好你自己，做好自己手中的事，在你“落入泥土之中”时能做到平静如水，那便是最好的了。

你要明白，你就是你，在这个社会中，没人可以取代你，你是独一无二的，所以，请做好你应该做的事，不管结果如何，是否完美无缺，都不要后悔。

每一个人都是一朵独特的花。我们无法选择自己，但是可以选择生活。

幸福如人饮水，冷暖自知

你不是别人，你没有走过他所走过的路，又怎会知道他心中是苦是乐？所以没有必要羡慕嫉妒恨。

你的幸福也许就是一碗白开水，你每天都在喝，何必羡慕别人喝的带有各种颜色的饮料？其实未必有你的白开水解渴。

其实幸福如人饮水，冷暖自知。

英国王子威廉大婚，平民姑娘凯特摇身一变成为世人瞩目的王妃，一步登天。本以为她会成为众多女性羡慕的对象，可没想到，英国民意调查机构的一项调查结果显示，英国女性中居然有86%不羡慕或嫉妒王妃凯特，表示即使有机会也不会与她互换身份，因为“她再也无法过上普通人的生活”。

的确，当皇家、王室的媳妇，清规戒律极多，禁忌无数。就说王妃凯特吧，她此后的生活就要受到无数双眼睛的注视，再也不能随随便便去逛公园，轻轻松松去酒馆小酌，神情愉悦去海滩日光浴，风情万种地去上台当模特，更不能口无遮拦想说什么就说什么。怪不得那么多女性不羡慕王妃凯特。

人都是生活在比较中的，幸福与否，快乐多少，都是相对而言。“恨人有，笑人无”，是人们最常见的阴暗心理，羡慕别人也是每个人都不能免俗的心灵活动。大千世界，人海茫茫，一个人不论再成功再完美，也不论再潦倒再失败，都会羡慕也会被羡慕，没有人是不羡慕别人的，也没有人是不被别人羡慕的。

泰戈尔在一首诗《错觉》中这样写道，河的此岸暗自叹息：“我相信，一切欢乐都在对岸。”河的彼岸一声长叹：“哎，也许，幸福尽在对岸。”其实，他是他，你是你，他有的你不一定有，你有的他也未必有，生活是自己的，只要自己过得开心、舒适就好。我们又何必与人比着活？

不知大家有没有看过这样一则寓言：

猪说：“假如让我再活一次，我要做一头牛，工作虽然累点，但名声好，让人爱怜。”

牛说：“假如让我再活一次，我要做一头猪，吃罢睡，睡罢吃，不出力，不流汗，活得赛神仙。”

鹰说：“假如让我再活一次，我要做一只鸡，渴了有水，饿了有米，有房住，还受人保护。”

鸡说：“假如让我再活一次，我要做一只鹰，可以翱翔天空，云游四海，任意捕兔杀鸡。”

那么你呢？又是不是也在想着自己过上别人的生活？是不是觉得那样才快乐？其实幸福如人饮水，冷暖自知。

所以说，别活得太累，幸福的标准因人而因，你完全没有必要羡慕别人，你只要知道自己的方向，你努力朝着这个方向去做，就能体现出你的价值，并收获你的幸福，而这个价值和幸福，也都是别人所无法达到的。

不要让自己成为别人的影子

一个模仿别人的人，永远无法逃脱别人的阴影，他所有的努力不过是为被模仿者做免费的宣传罢了。

春秋时期，越国有一美女，名唤西施，不仅有沉鱼之容，就是平时所做的一个不经意的动作，都是非常优美的。因此常有一些姑娘模仿她的衣着装束；也常有一些人有意无意地模仿她的行为举止。有一天西施患病，心口非常痛。她出去洗衣服时，皱着眉头，用一只手捂着胸口，走在路上虽然非常难受，但旁人看来今天的西施却又别有一番风姿。西施有一邻居容貌长的很丑，见西施人长的美，别人时常效仿西施的衣着、举止。她就常常暗地里观察，看看西施到底与别人有什么不同之处。这一天，她看到西施用手捂着胸口，皱着眉头的样子后，感到非常美。于是她就跟着学起这个样子来了。本来容貌就丑，又皱起了眉头，本来形体就含胸弓背，却又捂住了胸，弄得更加丑陋不堪。

卓别林开始拍片时，导演要他模仿当时的著名影星，结果一事无成，直到他开始成为他自己，才渐渐成功；

当玛丽第一次上电台时，试着模仿一位爱尔兰明星，但不成功。直到她以本来面目——一位由密苏里州来的乡村姑娘——才成为纽约市最红的明星；

吉瑞一直想改掉自己的德州口音，他打扮的也像个城市人，他还对外宣称自己是纽约人，结果只招致别人背后的讪笑。后来他开始重拾三弦琴，演唱乡村歌曲，才奠定他在影片及广播中最受欢迎的牛仔的地位。

模仿他人无异于自杀。因为不论好坏，人只有自己才能帮助自己，只有耕种自己的田地，才能收获自家玉米。上天赋予你的能力是独一无二的，只有当你自己努力尝试和运用时，才知道这份能力到底是什么。

当然，如果情况特殊，你也可以模仿别人，但不可以一味地进行模仿。不要活在别人的影子里，你就是你，不是别人的翻版。大踏步地向前走，留下属于自己的脚印，才能够活出真正的你自己。不论好坏，你都必须保持本色。

你是一瓶清水，又何惧被摇混

这个世界上，有些人，我们不必怀念；有些话，我们不必听见；有些事情，我们不必争辩。

或许，怀念的人多，情感会丰满；听到的话多了，见识能增长；争辩的事情多了，口才会干练。

但那又如何？它们未必会给你带来想要的快乐。我们只应该怀念，值得怀念的人，不在意多少；听，我们需要听的话，不要求中听；知道，我们适合知道的事情，不在乎好坏。别让那些没有必要的事情，扰乱自己的思绪，打破我们原本的静谧。

有一位女青年，到一家宾馆办事，走出宾馆大门时，正好遇到本公司帅气的男上司也从宾馆出来。这一幕恰好被路过的同事看到了，就以为他俩有什么猫腻，于是那段时间公司谣言四起，弄得她心力憔悴，坐卧不安。

女青年的苦恼母亲看在眼里，疼在心里。这天吃过晚饭，母亲对她说：

“孩子，我们到湖边散散步。”

那天风平浪静，母亲望着平镜似的湖水说：“你能搅浑这湖水吗？”女青年不解地看着母亲：“这么大的湖，怎么可能搅浑它呢？”

母亲又说：“假如是一个小水坑呢？你能搅浑吗？”

女青年说：“那就很容易了。”

母亲这时从衣袋里拿出一瓶矿泉水说：“试试，你能摇浑它吗？”

女青年接过矿泉水瓶使劲摇着，但瓶子里的水依然清澈明净。

母亲说：“孩子，现在你该明白一个道理了吧，一个小水坑，用一根棍子就可搅浑它；一杯真正的清水，是无论怎么摇也摇不浑的。别人的一句谣言，就把你的心搅浑了，那只能说明你的心只是一个小水坑，不是一个宽阔的湖。一杯水，只要本质是清的，是摇不浑的，摇浑的，都是那些本是浑浊的水。一个人的心，就像一只杯子，只不过杯子盛的是水，而心盛的是思想。一个人的思想，只要它本质是‘清’的，不管你怎么去‘摇’它，也无法摇浑它，它保持的仍是它纯净的本色。请记住一点：真正的清水，是摇不浑的。”

女青年顿时明白了母亲的用意，她深情地拥抱着母亲，心头的烦恼散去了很多。

生活未必如我所愿，意料之外的事情总是蜂拥而至，其实都是些无关紧要的琐事，若要真的去在乎，那只能既伤了神，又分了心。

这又是何苦呢?

那么多的是是非非，纷纷扰扰，与其对着天空流泪，不如俯视大地畅怀。

荣辱得失，只不过是过眼烟云，说散就散了，何必那么斤斤计较。

流言蜚语，只不过是小人的伎俩，清者自清，何必那么在意。

不必要的事情，就让它随风而去吧。

别用毕生孤独，买单别人的错误

一辈子那么长，总免不了孤单一下，孤单不可怕，可怕的是孤独。

如果记忆不是那么好，人是不是不会明白什么叫作孤独?往往经历了以后，才会发现在自己的记忆里，有多少是孤寂的，有多少是幸福的。

孤独是人生的一种痛苦，内心的孤寂远比形式上的孤单更为可怕。沉浸在孤独中的人离群索居，将自己的内心紧闭，拒绝温暖、自怜自艾，甚至有些人因此而导致性格扭曲，精神异常。如果不能忘记孤独，人生只有痛苦。

迈克尔·杰克逊走了，众所周知，这位世界级偶像的人生并不快乐，他不止一次说过：“我是人世间最孤独的人。”

他说：“我根本没有童年。没有圣诞节，没有生日。那不是一个正常的童年，没有童年应有的快乐！”

他 5 岁那年，父亲将他和 4 个哥哥组成“杰克逊五兄弟”乐团。他的童年，“从早到晚不停地排练、排练，没完没了”；在人们尽情娱乐的周末，他四处奔波，直到星期一的凌晨四五点，才可以回家睡觉。

童年的杰克逊，努力想得到父亲的认可，他“8 岁成名，10 岁出唱片，12 岁成为美国历史上最年轻的冠军歌曲歌手”，但却仍得不到父亲的赞许，仍是时常遭到打骂。

心理学说：12 岁前的孩子，价值观、判断能力尚未建立，或正在完善中，父母的话就是权威。当他们不能达到父母过高的期望而被否定、责怪时，他们即便再有委屈，但内心深处仍然坚信父母是正确的。杰克逊长大后的“强迫行为、自卑心理”等，当和父亲的否定评价有关。

父亲还时常嘲笑他：“天哪，这鼻子真大，这可不是从我这里遗传到的！”杰克逊说，这些评价让他非常难堪，“想把自己藏起来，恨不得死掉算了。可我还得继续上台，接受别人的打量。”

其后，迈克尔·杰克逊的“自我伤害”，多次忍受巨大痛苦整容，当和童年的这段经历有关。

杰克逊在《童年》中唱道：“人们认为我做着古怪的表演，只因我总显出孩子般的一面……我仅仅是在尝试弥补从未享受过的童年。”

杰克逊说：“我从来没有真正幸福过，只有演出时，才有一种接近满足的感觉。”

曾任杰克逊舞蹈指导的文斯·帕特森说：“他对人群有一种畏惧感。”

在家中，杰克逊时常向他崇拜的“戴安娜（人体模特）”倾诉自己的胆怯感，以及应付媒介时的慌恐与无奈。

他和猫王的女儿莉莎结婚，当时轰动了整个世界，但两人婚姻生活并不愉快，莉莎说：“对很多事我都感到无能为力……感觉到我变成了一部机器。”1996 年他又与黛比结成连理，但幸福的日子持续也并不长，1999 年两人离婚；之后，他又与布兰妮交往甚密，但布兰妮却一直强调：我们只是好朋友。

杰克逊直言不讳地承认："没有人能够体会到我的内心世界。总有不少的女孩试图这样做，想把我从房屋的孤寂中拯救出来，或者同我一道品尝这份孤独。我却不愿意寄希望于任何人，因为我深信我是人世间最孤独的人。"

感到孤独的人很多，又或者说，每个人或多或少都有些孤独感，然而，千万不要让孤独成为一种常态，因为，这会令你找不到通向幸福的路。实际上，孤独的人，只要放下过去的包袱，敞开心门接纳这个世界，就可以找到人生的伙伴，找到爱情与友谊。

其实，没有人会为你设限，人生真正的劲敌，就是你自己。别人不会对你封锁沟通的桥梁，可是，如果自我封闭，又如何能得到别人的友爱和关怀。走出自己的狭小的空间，敞开你的心门，用真心去面对身边的每一个人，收获友情和爱情的同时，你眼中的世界会更加美好。

有人背弃你，别忘说声"谢谢"

人，都喜欢锦上添花，所以当你一帆风顺、蒸蒸日上的时候，有很多人愿意接近你。

人，本性里是趋利避害的，所以当你遇到困难、举步维艰的时候，很多人可能会离开你。

如果有人背弃了你，离开了你，不要抱怨，不要责怪人情薄凉。

对于曾经接近你的人，我们要感谢，因为他们给我们的“锦上”添了“花”；对于困难时离开的人，我们也要表示感谢，因为正是他们的离开，给我们泼了一盆足以清醒的冷水，让我们在孤独中重新审视自己，发现自己的危机，让我们有了冲破樊篱、更进一步的动力。

陈云鹤与林莹莹相恋5年有余，按照原来的约定，他们本该在今年携手走进婚姻殿堂的，但是，就在婚前不久，林莹莹做了“落跑新娘”，她留下一纸绝情书，与另一个男人去了天涯海角。

了解陈云鹤的人都知道，他与林莹莹之间的爱情九曲十八弯，甚至有些荡气回肠。

陈云鹤英俊帅气，风度翩翩，在香港科技大学完成学业以后，就回到了父亲创办的公司担任部门经理，管理着一个重要部门，由一位追随父亲多年的叔伯专门负责培养他、指导他。他行事果敢，富有创新意识，这个部门在他的管理下越发出色起来。

这个时候，追求他的姑娘、前来提亲的人家简直多的让人眼花缭乱，其中不乏当地的名门名媛，但他一概礼貌地回绝了，却唯独对来自农村的林莹莹情有独钟。

那个时候的林莹莹不但长相甜美，而且思想单纯，相比都市里雪月风花、汲于名利的女人们，她恰似一朵雪莲花不胜寒风的娇羞，这份纯朴的美让陈云鹤十分醉心。

然而，受中国传统门当户对思想的影响，陈云鹤的父母对于这种结合并不认同，陈云鹤为此与家人无数次理论过，甚至愿意为林莹莹放弃现在的一切，只求抱得美人归。在他的坚定坚持下，陈父陈母终于妥协了。

由于林莹莹的身体一直不好，医生建议他们3年之内最好不要结婚，陈云鹤只能把婚期向后推迟，3年来，他一直精心照顾着林莹莹，给了她无微不至的关爱，林莹莹的身体渐渐好了起来。

随后，为了林莹莹的事业，陈云鹤又强忍着心中的寂寞，出资安排她去国外学习企业管理。在这5年多的交往中，可以说一个男人能做的，陈云鹤几乎都做到了。

2007年，受国家货币政策影响，再加上人民币不断升值，陈家的公司受到了很大冲击。很快，公司的利润被压缩在一个很小的空间，后来，干脆成了赔本买卖。无奈之下，陈父只能申请破产。陈云鹤也由一个白马王子变成了失业青年。

任谁也没想到的是，就在陈云鹤最困难的时候，那个他曾给予无数关爱，那个他愿意为之付出一切，那个曾与他海誓山盟的女孩，决绝地提出分手，跟着一个英国男人去国外“发展”了。

公司破产，陈云鹤并没有多么难过，因为他觉得凭自己的能力，有朝一日一定可以帮助父亲东山再起，因为他觉得即便自己变成了一个穷小子，但至少还有一个非常相爱的女朋友。但是现在，他真的觉得自己一无所有了，曾有那么一段时间，陈云鹤非常颓废。

一个人独处的时候，陈云鹤反复问自己，“我那么爱她，她为什么在这个时候离开我？！”最后，他不得不接受一个残酷的事实——她太功利了，她不会跟一个身无分文的穷小子过一辈子！究竟是她变了，还是原本就如此，此刻已不重要。重要的是，接下来该做些什么。

冷静之后，陈云鹤意识到，自己必须努力了，否则才是真的一无所有。女友无情的背离也让他对爱情有了新的认知，他懂得了，爱并不是一厢情愿的冲动，有的人并不值得去爱，也不是最终要爱的人，所以放手，放任她离开，但不要带着怨恨，那只会让自己的内心永远不得安歇，为那个不爱自己的人徒留下廉价的伤感而已。

不久之后，陈云鹤找到了父亲的一位老朋友，并以真诚求得了他的资助。用这笔资金，陈云鹤在上海创办了一家投资公司，他又是学习取经，又是请高人管理，公司很快就步入了正轨，现在，陈云鹤又积累了不菲的一笔财富。

在那位叔父的撮合下，陈云鹤又结识了一位从法国留学归来的美丽姑娘，两个人一见钟情，很快确定了恋爱关系，双方的父母也都对彼此非常满意。

如果当初那个女人不离开他，或许陈云鹤就不会有如此大的动力，或许他会出去做一个高级打工者，一样能过日子。但是，她离去了，一段时间内，陈云鹤一无所有，这给了他前所未有的危机感，这种危机感鞭策着他必须去努力，似乎是为了证明些什么，但其实更是为了他自己。

曾经受过伤害的人，在孤独中复苏以后，会活的比以往更开心，因为那些人、那些事让他认清自己，同时也认清了这个世界。如果有人曾经背弃了你，无论他是你的恋人还是朋友，别忘了对他说声"谢谢"，因为正是因为这背离，才让你更坚强，更懂得如何去爱，也更懂得如何保护自己。

不和别人比，只做幸福的自己

攀比本身没有错，错的是人们对待攀比的心态。人一旦有了不正常的比较心，往往意不能平，终日惶惶于所欲，去追寻那些多余的东西，空耗年华，难得安乐。

然而，尽管人们都知道“人比人，气死人”的道理，可在生活中，还是要将自己与周围环境中的各色人物进行比较，可是攀来比去，最后除了虚荣的满足或失望之外，还剩下什么？有没有意义？是徒增烦恼还是有所收获？答案是：毫无意义！

彤彤的幸福可以说毁在了一次聚会上，那次聚会让她觉得特丢脸。

露露算是这些朋友里最漂亮的，聚会时带了个新男朋友，据说是温州一家大企业的少主，家里在当地很有名望。露露拎了一个 LV 的包包，时不时地打开又收起来，生怕别人看不见。

琪琪大热的天居然围了一个皮草的小围巾，据说是那个在东北做皮草生意的男友送的，还一个劲地和大家说，这种皮草多么贵，保养如何如何讲究，配衣服如何如何难。搞得她自己现在就已经是皮草公司老板娘一样。

凯琳倒没穿戴什么名牌，但不停地提她那个既帅又有钱的男朋友，大谈他们的结婚计划，房子要在北京买，已经打算雇民工去排队买预约房位了。结婚旅行要到法国……

彤彤觉得自己最灰头土脸，男朋友在一家事业单位做事，虽说工作还算不错，待遇也挺好，可跟他们一比就显得逊色了，而且长得也说不上多帅。彤彤一边鄙夷着女友们的俗气，一边又对人家羡慕的很。回到家里越想越生气，就希望琪琪被她的皮草捂出痱子，琳琳的男朋友家生意破产，凯琳那个男朋友移情别恋。在心里暗暗诅咒了一遍，彤彤又开始抱怨自己的男朋友没有出息，挣不来大钱，两个人为此吵了一架，气得彤彤第二天一整天都没有吃饭。

彤彤越想越不是滋味，终日郁郁寡欢，竟还为此病了一场。病好以后，她开始了各种理由的抱怨、折磨，男友心力憔悴，只能主动提出分手。

彤彤开始彻头彻尾改变自己，她的眼里，只容得下钻石王老五。她与现在的老公是在一个朋友的婚礼上认识的，婚礼结束后第三天，新郎新娘就组织了“答谢饭”。后来彤彤才知道，那顿“答谢饭”其实是新郎一个朋友——陈鹏张罗的，为的就是看看自己。陈鹏是某集团公司经理，也算是家族企业，家境殷实。之所以至今未婚，朋友说是因为太挑剔，家庭富裕顾虑就多，思想传统，一直想找一位背景单纯、贤惠持家的太太。

一心嫁入豪门的彤彤开始“包装”自己。陈鹏不希望找个女强人，很坚持“男主外女主内”，所以彤彤第一次去陈鹏家见家长，就故意明确表示：自己在工作上没什么想法，还是觉得家庭更重要。

陈鹏喜欢单纯的女生，彤彤揣摩着说自己最大的爱好就是宅在家里。其实彤彤有一个“特长”——酒量超好。可和陈鹏谈恋爱以后，彤彤一直宣称自己不会喝酒。有一次几个朋友一起玩，有朋友在陈鹏面前说漏嘴了，彤彤马上极力否认，差点翻脸。这段恋爱，让朋友们从祝福变为尴尬。

最终，彤彤与陈鹏修成了正果，两人结婚。婚后，彤彤按陈鹏的意思辞掉工作，一门心思做个全职太太，但现在说起，彤彤有种“上了贼船”的感觉。

首先是家务问题，以前谈恋爱时，彤彤还可以糊弄，结婚后就纸包不住火了。陈鹏觉得彤彤越来越不理事，即使不需要亲自动手的家务事，也需要人安排统筹，可彤彤一点意识也没有。

最关键的是，彤彤内心里对事业还是比较有追求和想法的，在家当全职太太让彤彤的才华被埋没了。彤彤几次提出想出去工作，但都被陈鹏一口否决了。

如今，两人已经走到了冷战边缘，彤彤感觉自己快要崩溃了。

可以说，彤彤现在每天都在“喝酒”，喝自己当初酿的这杯苦酒。当初她看到别人比自己强，心里开始不平衡，实际是攀比心理在作怪。客观地说，攀比也并非都是坏事。如果能够通过攀比，发现自身的不足、认识自己的独特、承认与别人的差异、确定努力的方向、激发合理竞争的欲望，那么攀比一下又何妨？这样比有什么不好？这样比也能促成进步，这样比完全是可以的。

但是，如果什么都要比，聚在一起就比事业、比地位、比房子、比车子、比银子……非要比出个谁强谁弱，比赢了就扬扬得意、不知所以，比输了就垂头丧气、耿耿于怀，那就是一种心理失衡了。从某种意义上说，这完全是在自找烦恼。有句话说的好：这世上总有人比你拥有的更多、更好，所以在这场较量中，你不可能“赢”。与他人比，你永远只能一时高兴。

生活的道理应该是这样：没必要为了面子让自己活得太累，在人前处处逞强，仿佛自己什么都能做到似的。每个人都有缺陷，要敢于承认己不如人，也要敢于对自己不会做的事情说“不”，这样自然能够获得一份适意的人生。